Felipe Pedraza, catedrático de la Universidad de Castilla-La Mancha y director de las Jornadas de Teatro Clásico de Almagro, es especialista en teatro y lírica de los Siglos de Oro. Asimismo, es autor de numerosos estudios, ediciones y manuales de distintos niveles de enseñanza.

Milagros Rodríguez Cáceres es catedrática de enseñanza secundaria y profesora de la Universidad de Castilla-La Mancha. Fue coordinadora de actividades educativas y culturales de la Compañía Nacional de Teatro Clásico. Es especialista en literatura española de los Siglos de Oro y vanguardista. Ha publicado varias ediciones y estudios y, en colaboración con Felipe Pedraza, el conocido *Manual de literatura española*.

Poesía de los Siglos de Oro

Edición de
FELIPE PEDRAZA
MILAGROS RODRÍGUEZ CÁCERES

PENGUIN CLÁSICOS

Serie «Clásicos comentados», dirigida por José María Díez Borque,
Catedrático de Literatura Española de la Universidad Complutense de Madrid

Primera edición en Penguin Clásicos: marzo, 2016

PENGUIN, el logo de Penguin y la imagen comercial asociada son marcas registradas
de Penguin Books Limited y se utilizan bajo licencia.

Printed in Spain – Impreso en España

ISBN: 978-84-9105-171-8
Depósito legal: B-799-2016

Compuesto en M. I. Maquetación, S. L.
Impreso en Liberdúplex
Sant Llorenç d'Hortons (Barcelona)

PG 5 1 7 1 8

Penguin
Random House
Grupo Editorial

ÍNDICE

RELACIÓN DE POETAS INCLUIDOS

INTRODUCCIÓN

1. PERFILES DE LA ÉPOCA

Comúnmente llamamos Siglo de Oro, Edad de Oro o Siglos de Oro, como han querido los directores de esta colección que se rotule la presente antología, a un periodo que se extiende desde finales del siglo XV o principios del XVI hasta las postrimerías del XVII. No es fácil poner de acuerdo a los estudiosos sobre límites más precisos.

A veces se han propuesto algunos hitos significativos. El arranque podría situarse simbólicamente en la creación de las *Coplas a la muerte de su padre* (h. 1477) de Jorge Manrique, primera obra cuya lectura y vigencia se ha mantenido de forma ininterrumpida en nuestra literatura (recordemos que nuestros clásicos no conocieron ni el *Cantar de Mio Cid* ni el *Libro de buen amor* ni otras obras medievales, que fueron redescubiertas en el siglo XVIII). También podría pensarse como punto de inicio en la publicación de *La Celestina* (h. 1499) o, más tardíamente, en el acceso al trono de Carlos I (1517), que posibilitó un intenso contacto con la cultura europea, en especial la italiana y la flamenca. El límite final acostumbra a situarse convencionalmente en el año de la muerte de Calderón (1681), el más tardío de los grandes genios áureos.

La Edad de Oro acostumbra a dividirse en dos etapas complementarias y contrapuestas: el Renacimiento, que viene a coincidir con el siglo XVI, y el Barroco, que se corresponde con el XVII. A lo largo de ellas se puede observar una continuidad y, al mismo tiempo, una evolución muy notable de las formas artísticas, que intentaremos analizar, en lo que atañe a la poesía, en el epígrafe 3 de esta introducción.

Desde el punto de vista histórico-político los Siglos de Oro de la literatura y el arte coinciden con la hegemonía española en el orbe occidental. Recordemos algunos aspectos significativos de esta situación. Los Reyes Católicos, Isabel I de Castilla y Fernando II de Aragón (V de Castilla), consiguieron la unión en sus personas de dos de las tres coronas que existían en la Península Ibérica. Aunque cada reino continuó con sus propias leyes e instituciones, la acción política exterior y muchas de las empresas del reinado fueron acometidas conjuntamente. El protagonismo correspondió a la corona de Castilla, más poblada y rica en aquel momento. Incluía las dos Castillas, León, Galicia, Asturias, los señoríos vascos, Extremadura, Murcia y Andalucía. La corona aragonesa comprendía cuatro reinos: Aragón, Cataluña, Valencia y Mallorca. En 1512 se incorporará el reino de Navarra, reclamado por Fernando el Católico como herencia de su padre, Juan II de Aragón.

La pujanza de la nueva monarquía se evidenció en su predominio frente a la nobleza levantisca, en la conquista del reino moro de Granada y en el descubrimiento de América. El mismo año en que se produjeron estos acontecimientos, 1492, se decretó una polémica medida: la expulsión de los judíos que no querían convertirse al cristianismo. Para entender la verdadera dimensión histórica de este fenómeno, que hoy parece fuera de toda lógica, no es malo recordar que lo mismo había ocurrido en Francia e Inglaterra en los siglos anteriores. A pesar de estos ilustres precedentes, no parece que la determinación, en la que la reina Católica puso un especial empeño, fuera acertada, ni desde el punto de vista económico ni demográfico ni humanitario.

Para velar por la pureza religiosa de los nuevos cristianos, se había creado el Tribunal del Santo Oficio de la Inquisición. Este órgano de control de la fe quedó en manos de la monarquía, por lo que no resulta sorprendente que en muchas ocasiones olvidara los objetivos religiosos para los que fue creado y se convirtiera en un instrumento de represión política.

Al acceder al trono Carlos I, más interesado en principio por la política centroeuropea que por la española, se desencadenó la guerra de las Comunidades (1520-1521).

La Reforma protestante, iniciada en 1517, condicionó la política del rey de España, que fue elegido emperador con el nombre de Carlos V. En la guerra desatada entre Roma y las nuevas iglesias, defendió la ortodoxia católica, aunque impulsó una vía intermedia representada por Erasmo de Rotterdam. Sin embargo, al final de su reinado ese intento de conciliación había fracasado por completo y el Concilio de Trento (1545-1563), convocado para intentar unir a los cristianos, se ocupó de definir la doctrina católica en contraposición a la de los protestantes.

Su hijo, Felipe II, emprendió una política en defensa decidida del catolicismo, aunque no faltaron conflictos con el Papado. En 1580, a raíz de la muerte de don Sebastián, su sobrino, se convirtió en rey de Portugal. En 1588 intentó dar el asalto a la Inglaterra de Isabel I, pero la armada que envió para este fin fue deshecha por una tormenta. Al mismo tiempo, la rebelión de las Provincias Unidas (actual Holanda) exigió nuevos esfuerzos bélicos y presupuestarios.

La conquista y colonización de América, consumadas en los reinados de Carlos I y Felipe II, proporcionaron a la corona ingentes cantidades de metales preciosos, en especial de plata; pero la costosa política internacional y la desatención a las actividades económicas consumieron esos tesoros y llevaron a la bancarrota al estado en varias ocasiones.

El permanente contacto con Italia (Nápoles y Sicilia pertenecían a la corona española desde los tiempos de Fernando el Católico) y con Flandes propició un espectacular desarrollo del arte y la cultura.

Felipe III heredó de su padre inmensos estados y también los problemas económicos y militares que acarreaban. Confió el gobierno al duque de Lerma, que siguió una política que se ha denominado Pacifismo barroco. En efecto, llegó a compromisos con Inglaterra y con Francia y firmó una tregua con Holanda. Era, en cierto sentido, la renuncia a continuar ejerciendo la hegemonía en el mundo occidental; pero resultaba imprescindible para la maltrecha economía española. Los cánceres de este reinado fueron la inoperancia y la corrupción interna. El duque de Lerma y sus allegados se enriquecieron desvergonzadamente a costa del erario público.

De ahí que el reinado de Felipe IV, que entregó el gobierno a Olivares, se iniciara con medidas de moralización, más aparentes que reales, y con una agresiva política exterior, conocida con el nombre de Austracismo, que suponía la acción conjunta de las dos ramas de la casa de Austria, la española y la germánica, frente al protestantismo.

España entró de lleno en la contienda centroeuropea conocida como Guerra de los Treinta Años (1618-1648). Las victorias iniciales, en especial la de Nördlingen (1634), determinaron que Francia entrara en guerra al lado de los protestantes. Se produjo en ese momento la sublevación de Cataluña (Corpus de sangre, 1640) frente a los impuestos y la "unión de armas" con que el conde-duque de Olivares pretendía atender los cuantiosos gastos militares. También Portugal se sublevó y consiguió la independencia. Las tropas hispano-austriacas sufrieron una dura derrota en Rocroi (1643) y el omnipotente valido tuvo que abandonar el poder.

El resto del siglo está marcado por el reajuste tras la derrota, tanto en el periodo en que aún reinó Felipe IV como en el que correspondió a su hijo Carlos II.

Los Siglos de Oro españoles podríamos caracterizarlos, desde la perspectiva que da la historia, por una serie de rasgos contradictorios. Se trata de una compleja y peculiar sociedad que fue, al mismo tiempo, la primera potencia militar y política de Occidente, descubridora, conquistadora y colonizadora de la mayor parte del territorio americano, beneficiaria de inmensos tesoros, pero incapaz de promover en su propio territorio una actividad económica y una administración con el rigor necesario para sostener tan inmenso imperio. Estamos ante un país y una época que han dado al mundo un caudal de creaciones artísticas de primer rango: pintores como El Greco, Zurbarán, Velázquez, Murillo, Valdés Leal; arquitectos como Juan de Herrera, Alonso Cano; músicos como Salinas o Victoria; poetas, novelistas y dramaturgos de la talla de Garcilaso, fray Luis de León, san Juan de la Cruz, Cervantes, Lope de Vega, Quevedo, Góngora, Calderón... Sin embargo, una errada elección académica (quizá influida por prejuicios religiosos), dedicada casi en exclusiva a la teología y el derecho, y una universidad aislada y sin fuerza impidieron que se incorporara a la revolución que dio paso a la ciencia moderna, a la técnica y a la industrialización.

2. CRONOLOGÍA

AÑO	POESÍA-ÁUREA	HECHOS HISTÓRICOS	HECHOS CULTURALES
1474		Isabel I, reina de Castilla.	Introducción de la imprenta en España.
1479		Fernando el Católico, rey de Aragón.	Muere Jorge Manrique.
1483		Se crea el Consejo de la Suprema y General Inquisición.	
1492		Conquista de Granada. Expulsión de los judíos. Descubrimiento de América.	
1496	*Cancionero* de Juan del Encina.		
1498	Posible nacimiento de Garcilaso de la Vega.		
1499			Primera edición de *La Celestina*.
1502			Comienza la impresión de la *Biblia políglota complutense* (1502-1520).
1504		Muere Isabel la Católica.	
1506		Juana la Loca y Felipe el Hermoso, reyes de Castilla.	
1507		Regencia de Fernando el Católico.	

AÑO	AUTOR-OBRA	HECHOS HISTÓRICOS	HECHOS CULTURALES
1511	*Cancionero general* de Hernando del Castillo.		*Elogio de la locura* de Erasmo de Rotterdam.
1515	Nace santa Teresa de Jesús.		
1516		Muere Fdo. el Católico. Regencia de Cisneros.	*Utopía* de Tomás Moro.
1517		Carlos I, rey de España. Se inicia la Reforma protestante.	
1520		Guerra de las Comunidades.	
1526	Navagero anima a Boscán a componer en metros italianos.		
1527	Nace fray Luis de León.	Nace Felipe II. Saco de Roma.	
1530	Muere Juan del Encina. Nace Fernando de Herrera.	Coronación de Carlos V como emperador del Sacro Imperio Romano-Germánico.	
1534		Fundación de la Compañía de Jesús.	
1536	Muere Garcilaso de la Vega		
1537	Nace Francisco de Aldana.		
1541			Muere Fernando de Rojas.
1542	Nace san Juan de la Cruz. Muere Juan Boscán.		
1543	*Obras de Boscán con algunas de Garcilaso de la Vega.*		
1545		Comienza el Concilio de Trento.	
1547	Nace Miguel de Cervantes.	Carlos V vence a los protestantes en Mühlberg.	

AÑO	AUTOR-OBRA	HECHOS HISTÓRICOS	HECHOS CULTURALES
1554			*Vida de Lazarillo de Tormes.*
1555		Paz de Augsburgo.	
1556		Carlos I abdica del trono de España en su hijo Felipe II y del imperio en su hermano Fernando.	
1561	Nace Luis de Góngora.		
1562	Nace Lope de Vega.		
1563		Finalización del Concilio de Trento.	Se inician las obras de El Escorial.
1565			Muere Lope de Rueda. Creación de cofradías para la explotación de los corrales de comedias de Madrid.
1568		Sublevación de los moriscos y guerra de las Alpujarras.	
1571		Batalla de Lepanto.	
1575		Bancarrota del estado.	El Greco se establece en Toledo.
1580	Nace Quevedo. *Obras de Garcilaso con anotaciones* de Fernando de Herrera.	Incorporación de Portugal a la corona española.	
1582	Muere Sta. Teresa de Jesús. Nace el conde de Villamediana.		
1583	Empiezan a difundirse los romances nuevos.		
1588		Desastre de la Jornada de Inglaterra (la Armada Invencible).	
1589	Pedro de Moncayo publica *Flor de varios romances nuevos y canciones.*	Las tropas de Felipe II entran en París. Enrique IV se convierte al catolicismo.	

AÑO	AUTOR-OBRA	HECHOS HISTÓRICOS	HECHOS CULTURALES
1591	Muere fray Luis de León.		
1592	Algunas obras de Fernando de Herrera.		
1597	Muere Fernando de Herrera.		
1598	*Arcadia* de Lope de Vega.	Muere Felipe II. Felipe III, rey de España.	
1599			Nace Velázquez. *Guzmán de Alfarache* (Primera parte) de Mateo Alemán.
1600	*Romancero general.*		Nace P. Calderón de la Barca.
1602	*Rimas* (primera parte) de Lope de Vega.		
1604	*Rimas* (con la segunda parte) de Lope de Vega.		*Guzmán de Alfarache* (Segunda parte) de Mateo Alemán.
1605	*Flor de poetas ilustres* de Pedro de Espinosa.		*El Quijote* (Primera parte) de Cervantes.
1609		Tregua de los Doce Años con Holanda.	*Arte nuevo de hacer comedias* de Lope de Vega.
1613	Se difunden *Polifemo* y *Soledades* de Luis de Góngora. *Heráclito cristiano,* manuscrito de Quevedo.		
1614	*Rimas sacras* de Lope de Vega.		
1615			*El Quijote* (Segunda parte) de Cervantes.

AÑO	AUTOR-OBRA	HECHOS HISTÓRICOS	HECHOS CULTURALES
1616	Muere Cervantes.		Muere Shakespeare.
1618		Guerra de los Treinta Años. Victoria católica de la Montaña Blanca.	Nace Murillo.
1620			*Novum organum* de Francis Bacon.
1621	*La Filomena* de Lope de Vega.	Muere Felipe III. Felipe IV, rey de España. Guerra con Holanda.	
1622	Asesinato del conde de Villamediana.		Nace Molière.
1626			*El Buscón* de Quevedo.
1627	Muere Góngora. Juan López de Vicuña publica *Obras del Homero español* [Góngora].		*Sueños y discursos* de Quevedo.
1630	*Lecciones solemnes a las obras de Luis de Góngora* de José Pellicer.		
1631	Muere Bartolomé Leonardo de Argensola.		*El castigo sin venganza* de Lope de Vega.
1632	*La Dorotea* de Lope de Vega.		Nacen Spinoza y Locke. *Diálogo sobre los dos mayores sistemas* de Galileo Galilei.
1633	Gonzalo de Hoces y Córdoba publica *Todas las obras de don Luis de Góngora.*		
1634	*Rimas* de los hermanos Argensola. *Rimas de Tomé de Burguillos* de Lope de Vega.	Victoria católica de Nördlingen.	Se inaugura el palacio del Buen Retiro.

AÑO	AUTOR–OBRA	HECHOS HISTÓRICOS	HECHOS CULTURALES
1635	Muere Lope de Vega.		
1636			*Comedias* (Primera parte) de Calderón.
1637	*La vega del Parnaso* (póstuma) de L. de Vega.		*El héroe* de Gracián. *El discurso del método* de Descartes.
1640		Corpus de sangre. Guerra de Cataluña y Portugal.	
1642	*Agudeza y arte de ingenio* de Baltasar Gracián.		
1643		Derrota de Rocroi. Caída del conde-duque de Olivares.	
1645	Muere Quevedo.		
1648	J. A. González de Salas publica *El Parnaso español* de Quevedo.	Paz de Westfalia.	Muere Tirso de Molina.
1650			Muere Descartes.
1651			*El criticón* (Primera parte) de Gracián.
1660			Muere Velázquez.
1665		Muere Felipe IV. Regencia de Mariana de Austria. Paz de Aquisgrán.	
1670	*Las tres musas últimas castellanas* de Quevedo.		
1675		Carlos II, rey de España.	
1681			Muere Calderón.
1700		Muere Carlos II.	

3. *Poesía de los Siglos de Oro*

La poesía de los Siglos de Oro tiene como característica más destacada la convivencia de distintos modelos, tendencias y corrientes que podemos sintetizar en el siguiente cuadro:

1. Poesía en metros castellanos (octosílabos, hexasílabos y tetrasílabos)

> –De raíz y sabor popular:
> ·Villancicos
> ·Canciones paralelísticas
> ·Romances
> –De carácter culto: poesía de cancionero (redondillas, glosas, canciones trovadorescas...)

2. Poesía en metros italianos

> –Lírica petrarquista: sonetos y canciones
> –Lírica de inspiración clásica:
> ·Virgiliana: églogas
> ·Horaciana: odas, epístolas

Estas variedades, y otras que no caben en este esquema, se perpetuaron a lo largo de los siglos áureos y fueron cultivadas por la mayor parte de nuestros poetas. Casi todos utilizaron indistintamente endecasílabos y octosílabos, formas tradicionales castellanas y moldes italianos, aunque en algunos casos los resultados estéticos en una u otra corriente fueron desiguales.

La tradición castellana

La tradición castellana hundía sus raíces en las formas líricas del siglo XV. La poesía culta octosilábica cultivada en la corte de Juan II (redondillas, canciones, glosas...), conocida como *poesía de cancionero* (porque se difundió en antologías o cancioneros) y *lírica cortesana* (porque se cultivó en las cortes reales y de los grandes señores), mantuvo su vigencia a lo largo del siglo XVI y pervivió en el XVII a través del teatro y de las composiciones líricas que glosaban (comentaban, recreaban) breves poemas (redondillas o quintillas) de otros autores. En nuestra antología encontramos varios ejemplos de estas formas poéticas.

En la corte de los Reyes Católicos se pusieron de moda los cantarcillos populares que, hábilmente recreados por poetas cultos, gozaron de la predilección de la aristocracia. La moda se extendió también a Portugal: las reinas portuguesas de finales del siglo XV y principios del XVI fueron infantas castellanas. Autores como Juan del Encina o Gil Vicente escribieron y musicaron villancicos imitando y depurando los que cantaba el pueblo. En estos poemas se combina una aparente ingenuidad (casi siempre es un pastor o labriego el que canta sus penas amorosas) con cierta ironía y condescendencia. Al leer, por ejemplo, el villancico "Ay, triste que vengo / vencido de amor...", no podemos olvidar que estos versos están escritos por un poeta refinadísimo que adopta la voz de un rústico pastor para ser escuchado por la corte de los duques de Alba o la del príncipe don Juan (hijo de los Reyes Católicos).

Tanto Juan del Encina como Gil Vicente y otros poetas que siguieron sus huellas, supieron aprovechar la musicalidad, las imágenes, la expresividad sentimental que caracterizaba a la tradición oral y anónima para crear una lírica que trasformaba y continuaba los villancicos (canciones de villanos) que se oían por las calles de las aldeas y pueblos.

Algo parecido ocurrió con el romance. El modelo de los poemas anónimos y populares fue refundido desde la óptica culta (se tendió a la consonancia, frente a la asonancia popular) y se convirtió en vehículo de una poesía alegórica que representaba los conflictos íntimos del enamorado, como puede verse en "Mi soledad en sosiego..." de Juan del Encina.

La incorporación del italianismo

Es bien conocido el proceso de incorporación de los metros y las formas italianas a la poesía española. Ya en el siglo XV se habían realizado, aunque con poca fortuna, los primeros intentos de aclimatación. El marqués de Santillana había compuesto, entre 1438 y 1458 aproximadamente, *Cuarenta y dos sonetos fechos al itálico modo*, conato de adaptar el endecasílabo y la estructura del soneto a nuestra lengua. No se logró en esta ocasión el propósito. El marqués no fue capaz de oír, sentir, recrear y trasmitir el ritmo sutil de los endecasílabos. El resultado, quitada la gloria del intento, fue poéticamente muy poco feliz y no tuvo continuadores.

Casi un siglo más tarde, en 1526, en la Granada en que Carlos I había instalado su corte, el embajador veneciano Andrea Navagero sugirió al poeta y humanista barcelonés Juan Boscán el escribir en castellano sonetos, canciones y otras variantes poéticas que en Italia habían alcanzado tanta brillantez. Lo intentó Boscán, con éxito mediocre; pero logró interesar en esa experiencia poética a su amigo Garcilaso de la Vega, hijo de una noble familia toledana, militar al servicio del emperador y lírico de finísimo oído y extraordinaria sensibilidad.

Poco después de la entrevista entre Boscán y Navagero, Garcilaso viaja a Italia y asiste a la coronación de Carlos V como emperador, que se celebra en Bolonia. Más tarde, vive una larga temporada en Nápoles y entabla amistad con los poetas italianos más importantes de su tiempo. Estos contactos y su singular intuición poética permitieron que creara una obra breve (cuarenta sonetos, cuatro canciones, una oda horaciana, dos elegías, una epístola, tres églogas, algún poema latino y varios villancicos), que pronto se convirtió en el modelo de los poetas españoles de su época por su musicalidad y perfección formal, por la hondura de su sentimiento y la elegancia y propiedad de su lengua.

Garcilaso murió prematuramente en 1536, al intentar asaltar una fortaleza en el sur de Francia, y su amigo Boscán se encargó de la edición póstuma de sus poemas; pero murió en 1542, antes de ver impreso el volumen. Finalmente, en 1543, en la imprenta barcelonesa de Carles Amorós, aparecieron las *Obras de Boscán con algunas de Garcilaso de la Vega*. El intenso contacto con Italia y con la poesía italiana y la lectura de los versos garcilasianos consiguieron que en pocos años el endecasílabo, el soneto, las canciones, los tercetos, las liras... se aclimataran a la lengua castellana. Con estos elementos técnicos llegó también toda una escuela poética: el petrarquismo, con su especialización en el análisis de los procesos amorosos, la introspección, el sutil neoplatonismo que convertía a la amada en reflejo terrenal de la perfección divina. Una filosofía del amor tejida con tópicos reiterados en todos los poetas, a la que Garcilaso inyecta nueva fuerza con la apelación a elementos autobiográficos. Sus más celebrados poemas, como la *Égloga I*, parecen estar inspirados por sus imposibles amores con una dama portuguesa, Isabel Freire, casada y muerta prematuramente de parto.

Toda una escuela poética continuó la obra del poeta toledano y asentó definitivamente el italianismo en España: Diego Hurtado de Mendoza, Gutierre de Cetina, Hernando de Acuña, el portugués Francisco Sá de Miranda...

La poesía introducida por Garcilaso y Boscán cautivó a las minorías cultas y se extendió rápidamente a otros grupos sociales menos preparados. Prueba de ello es su presencia en los libros de música. A través del canto, la poesía italianista pudo llegar a amplios sectores de la población que no sabían leer ni disponían del dinero necesario para comprar un libro.

Resistencias a la poesía italiana

Esta revolucionaria ampliación de las formas poéticas españolas hubo de enfrentarse a ciertas resistencias de los sectores más apegados a la tradición. La extensión del endecasílabo, su ritmo suave y poco marcado y la distancia entre las rimas (o la ausencia de ellas en versos blancos) provocaban el desconcierto de algunos lectores acostumbrados a la agilidad del octosílabo y a la cercanía de las consonancias. Para aquellos oídos no familiarizados con la sutil armonía de los versos italianos la nueva poesía venía a identificarse con la prosa, con una prosa de largos periodos, confusa y casi ininteligible. Es tópico vincular esta reacción contra la invasión extranjera a la figura de Cristóbal de Castillejo, que escribió algunas sátiras ridiculizando la nueva poesía.

Los nuevos géneros poéticos: italianismo y clasicismo

La revolución garcilasiana triunfó y con ella no solo llegaron a España los géneros y formas característicos de Italia, sino que se crearon las condiciones para naturalizar la tradición clásica. Gracias a la ductilidad, empaque y nobleza del endecasílabo, los españoles se sintieron con fuerza para imitar los modelos latinos y griegos. El propio Garcilaso había sentado el precedente al escribir una oda horaciana (*Ode ad Florem Gnidi*), tres églogas (tras las huellas de Virgilio y sus imitadores italianos) y una epístola familiar y moral en la línea de Horacio.

La poesía en tiempos de Felipe II

Los poetas de la segunda mitad del siglo XVI (reinado de Felipe II) continuaron esa doble senda: poesía amorosa petrarquista y poesía moral de inspiración horaciana. El sevillano Fernando de Herrera, poeta amoroso en sus sonetos, canciones y elegías, puede considerarse un representante de excepción del petrarquismo, aunque también cultivó la poesía moral. Fray Luis de León, admirador y traductor de Horacio, es autor de una veintena de odas originales que se acercan a su modelo en su estructura y concepción formal; pero que varían su sentido y valor al ser reflejo genuino de un vehemente deseo de paz que contrasta con su agitada vida personal, sus luchas en la universidad de Salamanca, la denuncia de que fue objeto ante la Inquisición y el proceso del que salió absuelto tras cuatro años de cárcel y aislamiento.

Los endecasílabos y heptasílabos que Garcilaso había aclimatado fueron el instrumento predilecto de estos poetas (Herrera cultiva profusamente el soneto, la elegía en tercetos, la canción, las liras; fray Luis casi siempre emplea las liras, a veces de seis versos); pero también acudieron en ocasiones a los octosílabos en quintillas ("Aquí la envidia y mentira...") o redondillas ("Callo la gloria que siento...").

Esta pluralidad de incitaciones poéticas (en la métrica, en las formas genéricas, en los contenidos) fue común a otros poetas coetáneos y puede apreciarse en la breve muestra que ofrece nuestra antología: Baltasar de Alcázar escribe poesía jocosa y bienhumorada en octosílabos; Francisco de Figueroa y Francisco de la Torre, sonetos amorosos y morales; Francisco de Aldana, epístolas morales y filosóficas, etc. etc.

Singular es la obra de los poetas místicos, en especial la del carmelita descalzo san Juan de la Cruz, que nunca se propuso ser un poeta o escritor profesional. Es probable que sus sorprendentes hallazgos estéticos se deban precisamente a la despreocupación por los códigos y patrones dominantes. Los usó en la medida en que su genio se encontraba a gusto en ellos y los rompió y trascendió cuando lo exigían nuevas necesidades expresivas, más hondas y radicales que las que campeaban por cancioneros cortesanos e italianizantes. Creó una poesía simbólica nacida de una alta tensión humana, en la cárcel, en medio de la persecución, la lucha y una tremenda soledad física y moral. De ese punto de sufrimiento y dolor surgió una poesía de estremecido erotismo y de una sorprendente modernidad.

El romancero nuevo y otras manifestaciones de la tradición castellana

Precozmente, en la segunda mitad del reinado de Felipe II, empieza a escribir y alcanzar fama una joven generación que, en apenas veinte años, consigue que sus poemas, en especial sus romances, sean cantados por músicos profesionales, por los ciegos en las esquinas y por gentes de toda condición en sus tareas cotidianas. Así nace y se consolida el *romancero nuevo* o *romancero artístico*, por contraposición al romancero viejo y popular que procedía de la Edad Media y se había fijado y difundido a lo largo del siglo XVI.

Estos poemas novedosos circularon de forma anónima y se imprimieron sin nombre de autor en pliegos sueltos y en diminutos libros que presentaban el título genérico de *Flores de romances nuevos y canciones* (la primera de estas *Flores* se publica en 1589). Aunque los nombres de los autores no figuren en las primeras ediciones, los poetas más eminentes de esta generación fueron Lope de Vega y Luis de Góngora, acompañados de otros muchos como Pedro Liñán de Riaza, Miguel de Cervantes, Gabriel Lobo Lasso de la Vega, Luis de Vargas Manrique, Juan de Salinas, etc. etc.

El género que antes alcanzó favor popular fue el de los romances moriscos. Inspirados en los romances fronterizos tradicionales, de carácter histórico, se desarrollan en el mítico marco colorista de unas imaginarias cortes hispanomusulmanas: Granada, Toledo, Zaragoza...

Los argumentos son trasunto idealizado de las peripecias amorosas de sus jóvenes creadores. Bajo el disfraz moro, nos encontramos con una muestra de exhibicionismo sentimental. Sus protagonistas (Azarque, Zaide, Gazul, Audalla...) viven pasiones arrebatadas, separaciones y reconciliaciones, gustos y disgustos con sus amadas (Celindaja, Zaida, Adalifa...). Esta suerte de poética revista del corazón entusiasmó a los oyentes y lectores. Su desmesurado éxito fue, al mismo tiempo, la causa de su rápida ruina: la reiteración de temas, motivos y expresiones cansaron al público y provocaron parodias y caricaturas. Sin embargo, el mundo soñado de las cortes nazaríes, el gesto heroico y teatral, el ambiente suntuario y lujoso, la gallardía y el nervio de sus octosílabos quedaron para siempre grabados en la imaginación poética de sus contemporáneos y de las generaciones posteriores.

Tras la moda y el cansancio de los romances moriscos, vino la de los pastoriles. Ahora el disfraz elegido es el de un pastor, casi siempre melancólico y triste, que expone sus cuitas amorosas. De nuevo surgen los seudónimos poéticos (Belardo es Lope de Vega; Riselo, Liñán de Riaza; Filis, Elena Osorio, amante de Lope...) que parecen velar la historia amorosa que recrea el romance, pero la descubren a los conocedores de la clave. A diferencia de los moriscos, volcados hacia el exterior en el gesto arrebatado, los pastoriles acostumbran a tener un tono íntimo, blandamente sentimental. El colorido brillante de ropas, armas y fiestas se sustituye por el matiz gris y desvaído y el tono quejumbroso de los protagonistas.

Junto a estas dos especies dominantes, el romancero nuevo presenta otras muchas variedades, como el caprichoso e irónico poema autobiográfico "Hortelano era Belardo...", que escribe Lope en su destierro en Valencia, y el delicado romancillo "La más bella niña..." de Luis de Góngora.

Estos romances escritos en los veinte últimos años del siglo XVI se reunieron en una magna colección titulada *Romancero general* (1600); pero no se detuvo aquí la creación y evolución del género. En los años posteriores adoptó nuevos tonos: Góngora puso particular cuidado en su elaboración formal ("En un pastoral albergue...") y también en la creación de complejas e hilarantes parodias; Quevedo profundizó en el romance conceptista, empedrado de juegos de palabras, que destila —quizá sin proponérselo— una pesimista visión del mundo y el hombre ("Pariome adrede mi madre..."), y creó un nuevo género: la jácara, relato esperpéntico de las hazañas y sufrimientos de un delincuente ("Ya está guardado en la trena..."); Lope en su vejez escribió romances sentenciosos ("A mis soledades voy...") y elegíacos. Como puede verse por las muestras, el romancero barroco es un complejo mundo con una evolución interesantísima.

Junto a los romances, se cultivaron también las canciones de sabor tradicional ("En las mañanicas..."), los villancicos ("Bienes da Fortuna...") y seguidillas ("Río de Sevilla...").

La lírica culta en metros castellanos tiene una renovada expresión en todos los poetas: véanse las glosas de Vicente Espinel ("Contentamientos pasados...") y del conde de Salinas ("No es menester que digáis...") o las redondillas de sor Juana Inés de la Cruz ("Hombres necios que acusáis...").

La renovación barroca de la poesía amorosa y moral endecasilábica

La poesía italianista (sonetos, canciones, epístolas en tercetos) cobra un nuevo empuje gracias a la obra de los grandes poetas del periodo: Lope de Vega, Góngora y Quevedo.

En manos de Lope, la poesía amorosa de raigambre petrarquista adquiere un acento personal y directo mediante la evocación de referencias autobiográficas. No quiere esto decir que el poeta describa con puntualidad notarial las peripecias de sus amores, sino que recrea los tópicos de la escuela con un acento nuevo y vivo que trasmite al lector una inusual sensación de autenticidad. Véase, como ejemplo, el soneto "Desmayarse, atreverse, estar furioso...". Se trata de una definición tópica del amor por medio de elementos antitéticos. Pero el ritmo nervioso de los endecasílabos, el encadenar situaciones vividas en rápida enumeración y la firma final ("Quien lo probó, lo sabe") lo destacan entre otras muestras del género.

Para trasmitir esa impresión de autenticidad, Lope recurrió a episodios reales de su vida sentimental y los recreó poéticamente con tanta intensidad que incluso él mismo llegó a confundir lo ocurrido en la realidad con lo expresado en sus versos.

El sentimiento amoroso vertido en moldes petrarquistas tiene un momento culminante en las *Rimas* (1602, 1604) de Lope de Vega y se prolonga, vuelto a lo divino, en las *Rimas sacras* (1614). En el último libro que publicó, *Rimas humanas y divinas del licenciado Tomé de Burguillos* (1634), ofrece una visión irónica y humorística de los mismos tópicos que había recreado con pasión en los años precedentes. Véase, a título de ejemplo, el delicioso poema *La pulga*. Góngora cultiva un petrarquismo caracterizado por la perfección formal, la rotundidad expresiva. Sus poemas amorosos no pasan de ser ejercicios poéticos magníficamente resueltos. Hemos elegido un poema de reflexión moral, de exaltación de la belleza y el desengaño ("Mientras, por competir con tu cabello..."), y otro en elogio de su ciudad natal ("¡Oh excelso muro, oh torres coronadas...!").

La poesía amorosa de Quevedo vuelve sobre los tópicos del petrarquismo, que renueva por medio de un lenguaje violento, hiperbólico, paradójico... No parece que tenga relación directa con su vida sentimental, de la que poco sabemos. La proyección personal del artista no está en la materia desarrollada, sino en la estremecida expresión de esos pensamientos mil veces repetidos.

Lo mismo puede decirse de la lírica moral, religiosa y metafísica. Quevedo utiliza el pensamiento estoico de Séneca: sobre la muerte que está en nosotros desde el nacimiento, sobre la contemplación de la inevitable fuga del tiempo, sobre la aceptación gozosa del morir; pero lo renueva al ofrecérnoslo con una violenta rotundidad expresiva, apurando las posibilidades de la lengua, cambiando las categorías gramaticales ("soy un fue, un será y un es cansado"), recreando el discurrir temporal en el mismo momento de la elocución ("hoy se está yendo sin parar un punto"), utilizando imágenes concretas y tangibles para expresar lo abstracto ("en el hoy y mañana y ayer junto / pañales y mortaja").

Góngora y Quevedo cultivaron, además, la poesía burlesca, tanto en octosílabos como en endecasílabos. En ella acumulan juegos de palabras envenenados, chistes, imágenes caricaturescas, hipérboles exorbitadas... Un juego, divertido y fascinante, de pirotecnia verbal, que, en algunas ocasiones ("Anacreonte español...", "Yo te untaré mis versos con tocino...") se pone al servicio del insulto personal.

Lope, Góngora y Quevedo son, sin disputa, los mayores recreadores de la tradición italianista, tanto en la poesía amorosa como en la moral. Pero no son los únicos. Junto a ellos hay que citar poetas excelentes como Pedro de Espinosa, que escribe una intensa y emotiva poesía religiosa, los hermanos Lupercio y Bartolomé Leonardo de Argensola, un interesante grupo de líricos sevillanos que florecen en los primeros años del siglo (Juan de Arguijo, Francisco de Medrano, Francisco de Rioja, Andrés Fernández de Andrada), el riojano Francisco López de Zárate, el cordobés Luis Carrillo y Sotomayor...

Entre sus valiosas creaciones, sobre todo en la poesía de contenido moral, cabe destacar la *Epístola moral a Fabio* de Andrés Fernández de Andrada. En 68 tercetos encadenados el poeta desarrolla los principios morales del pensamiento estoico, en un lenguaje culto, equilibrado, natural y elegante. Es el más alto ejemplo de epístola moral que ha dado nuestra lengua.

Intenso poeta amoroso es el conde de Villamediana, de vida turbulenta, que recrea en sus versos la fatalidad que arrastra al amante hacia la destrucción, aunque le quede "la gloria, con caer, de haber subido".

Contribuyen con brillantez al mantenimiento de esa tradición Pedro Soto de Rojas, Gabriel Bocángel y, como remate y colofón de los Siglos de Oro, la poetisa mejicana sor Juana Inés de la Cruz.

La poesía culterana

En el siglo XVII la mayor parte de los poetas participan al mismo tiempo de la inclinación a lo popular (romances, letrillas y villancicos) y de la aspiración a una poesía cultista, que utilice los recursos que ponen a su alcance la familiaridad con el mundo clásico, el conocimiento de los pensadores antiguos, de la Biblia, etc.

En muchos de sus poemas Lope de Vega, Quevedo, Arguijo, Carrillo y Sotomayor... son decididamente cultistas. Sin embargo, se acostumbra a reservar el nombre de culteranismo a la revolución poética que culminó en los dos poemas mayores de Luis de Góngora: *Fábula de Polifemo y Galatea* y *Soledades*.

Con ellos se buscaba la creación de un arte difícil, solo inteligible para lectores de desmedida erudición y capaces de dedicar tiempo y paciencia al gozo de desentrañar los versos. Góngora empleó hipérbatos, latinismos, imágenes de segundo y tercer grado (es decir, creadas a partir de otra imagen)... Por ejemplo, cuando al principio de las *Soledades* se dice que el protagonista fio "a una Libia de ondas su camino", el lector tiene que entender que *Libia* es una metonimia por *desierto* y que *desierto de ondas* es una metáfora que significa "mar".

Los poemas mayores de Góngora fijaron dos géneros que ya habían contado con notables cultivadores: la fábula mitológica (pieza narrativa no muy extensa) y el poema descriptivo. En ambos predominan elementos característicos de la lírica: imágenes, ritmo, aliteraciones; lenguaje, en suma, que atrae la atención del lector sobre sí mismo, en vez de dirigirla hacia la acción narrada o hacia los objetos descritos. Cada verso es cincelado, trabajado hasta el más mínimo detalle, en busca de una expresión original, novedosa, sorprendente.

Este cultismo oscuro, ininteligible para los no iniciados, provocó una violenta polémica entre los poetas y lectores del siglo XVII. Lope, creador tan culto como popular, criticó los recursos gongorinos porque desnaturalizaban la lengua española; pero, al mismo tiempo, intentó crear fábulas mitológicas cultistas (*La Filomena, La Circe, La rosa blanca...*) en las que se pueden rastrear huellas del estilo de su rival. Quevedo parodió y ridiculizó sin piedad la "jerigonza" del cordobés. En cambio, otros muchos aplaudieron e imitaron los atrevimientos culteranos. Góngora contó con aventajados discípulos: el conde de Villamediana, gran poeta petrarquista del amor, compuso interesantes fábulas mitológicas; Pedro Soto de Rojas publicó un extenso y complejo poema en el que pinta y medita sobre su carmen granadino: *Paraíso cerrado para muchos, jardines abiertos para pocos*; sor Juana Inés de la Cruz compuso *Primero sueño*, en que describe los misterios de la noche.

El éxito del cultismo gongorino durante el siglo XVII y

los primeros años del XVIII contrasta con el desprecio en que cayó en tiempos posteriores, hasta las primeras décadas del siglo XX, en que se vio a mejor luz esta poesía difícil y oscura, se comprendió su sentido y fue objeto de una radical revaloración.

En resumen

La lírica de los Siglos de Oro ha dado media docena de poetas excepcionales (Garcilaso, fray Luis de León, san Juan de la Cruz, Lope de Vega, Góngora, Quevedo), unas docenas de magníficos poetas (pueden incluirse aquí todos los antologados); pero, como anunciábamos al empezar la introducción, lo más prodigioso quizá sea su variedad y riqueza: lo nacional y lo foráneo, lo popular y lo culto, lo tradicional y lo revolucionario alientan en una de las etapas más admirables de la poesía universal.

4. Opiniones sobre la poesía de los siglos de oro

La presencia de la lírica tradicional a través de la música

«A partir de fines del siglo XV esta poesía popular tentará a los mejores poetas españoles, desde Juan del Encina a García Lorca o Alberti, pasando por Lope de Vega, Góngora o Antonio Machado y Juan Ramón Jiménez. Esta será, precisamente, una de nuestras grandes posibilidades frente a la poesía europea: nuestro gusto por la lírica popular en todas las épocas. En pleno Renacimiento [...], los vihuelistas Milán (1535), Narváez (1538), Valderrábano (1547), Pisador (1552), Fuenllana (1554), el polifonista Juan Vásquez (1551-1560) o el anónimo autor del *Cancionero de Upsala,* como más tarde el ciego Salinas (1572), íntimo de fray Luis de León, nos conservarán, no solo la letra de incontables y prodigiosas canciones, sino la música correspondiente. La transmisión se hace, como es natural, cantando, pero el arte del canto se aprende en unos libros que fijan nítidamente el texto poético. [...] Los cantores, desde un soldado que está en las Indias a un Lope o Góngora, modificarán muchas veces, no los estribillos, o sea las cabezas de las canciones, sino los desarrollos o glosas. De ahí la frecuencia con que un mismo villancico es glosado de manera tan diferente, como este, por ejemplo:

> *Véante mis ojos,*
> *y muérame yo luego,*
> *dulce amor mío*
> *y lo que yo más quiero.*

glosado por un Pedro de Andrade Caminha, portugués, y por una santa Teresa, bien castellana, que lo convierte en

> *Véante mis ojos,*
> *dulce Jesús bueno;*
> *véante mis ojos,*
> *muérame yo luego.*»

[José Manuel Blecua, *Sobre la poesía de la Edad de Oro*, Madrid, Gredos, 1970.]

GARCILASO FRENTE AL PETRARQUISMO

«[Garcilaso], el Archipoeta, como Lope lo llamó, [...] es el fundador de nuestra lengua lírica, la cual, hoy mismo, está en la misma cadena cuyo primer eslabón es él; fue, igualmente, el creador de una sensibilidad, de un tono

desde los cuales la poesía sigue siendo sentida, expresada y
leída; y además –esto es lo que ahora nos interesa– el des-
cubridor de lo que, en el primer tercio del quinientos, era
la modernidad europea, y su adaptador a la cultura espa-
ñola, en cuanto parte de la entonces dominante cultura
mediterránea. [...] Puesto que Italia es el faro de las letras
modernas, a ellas acude. Deslumbrado, al principio, por
Petrarca y los petrarquistas. Pero rapidísimamente incor-
porado a la actitud crítica, secesionista diríamos hoy, ante
el petrarquismo fósil de aquel momento, y buscando él
mismo soluciones nuevas, en gesto parecido o paralelo
al de otros escritores italianos y, algo más tarde, franceses e
ingleses.»

[Fernando Lázaro Carreter, "La *Ode ad Florem Gnidi* de Garcila-
so de la Vega", *Garcilaso,* Actas de la IV Academia Renacentista,
Salamanca, Univ. Salamanca, 1986.]

FRAY LUIS DE LEÓN Y SU POESÍA VIVIDA

«Hay algo [...] que le defiende de la tentación escapis-
ta, y es el predominio que siempre concede a la inteligen-
cia y el sentimiento sobre la fantasía. Ya hizo notar Ent-
wistle –no sin exageración– que la poesía del agustino es
parca en imágenes. Pero es que su gran obsesión es el reino
de las ideas motrices, y su concatenación por medio de lo
que podría llamarse lógica poética. Por eso negamos que su
musa sea de evasión. Muy al contrario, para nosotros es
invasiva, irruptiva incluso, puesto que penetra ahincada-
mente en el mundo de las ideas *vividas* –nunca exclusiva-
mente *ideadas*–, para extraer de ellas un compromiso vital.
[...] Todo lo convierte en saber "encarnado", que arranca

de la realidad para redimirse con ella. Así surge la "Oda a Salinas" [...] como participación armónica en el deleite de la belleza artística; en la "Oda a Loarte" es la nostalgia de Dios lo que brota en la contemplación del firmamento...»

[Cristóbal Cuevas, "Estudio preliminar" a *Fray Luis de León y la escuela salmantina*, Madrid, Taurus, 1982.]

SAN JUAN DE LA CRUZ Y EL SIMBOLISMO

«Ninguna poesía como la de san Juan de la Cruz ofrece una más completa y profunda realización de la aspiración que alienta el simbolismo poético y de todas las ansias expresivas del místico, incluyendo ese afán amoroso de comunicación doctrinal a otras almas. Nunca un sentido de orquestación y correspondencia ha encontrado en el poema una más integral expresión con el recurso de la palabra. En este sentido, en sus grandes poemas se llega a sutilezas de correspondencia entre lo material de la sonoridad y el contenido de experiencia y doctrina mística que expresa de tal finura y eficacia que en muchos casos la abstracta expresividad de los sonidos descubre no solo ritmos y movimiento poético con sentido expresivo, sino incluso asociaciones, contrastes y correspondencias de realidades espirituales que forman la trama de sentido místico. [...]

Se cumple plenamente en la lírica del gran carmelita aquella exigencia de Mallarmé cuando afirmaba que en poesía *hay que ceder la iniciativa a las palabras*, entendiento esto, no ya en el sentido de dejar actuar a lo inconsciente ni en lo que respecta a lo musical de buscar una armonía, una correspondencia entre unas y otras, sino incluso en el sentido más preciso y completo de que el contorno o atmósfera poética del significado de cada una se identifique y funda en análogo clima sugeridor. No hay en sus versos palabra, sustantivo ni adjetivo, que choque o se salga de ese contorno sugeridor de la palabra próxima o vecina.»

[Emilio Orozco Díaz, *Poesía y mística*,
Madrid, Guadarrama, 1959.]

La renovación barroca de la tradición petrarquista

«Lope es el escritor del Siglo de Oro que más sentido profesional demuestra. [...] Su indudable sinceridad y espontaneidad están muy literaturizadas. [...] Inútil buscar, en lo fundamental, una tradición para los amores de Lope. A pesar de las muchas fuentes petrarquistas que en su obra se han encontrado, el Fénix, como Góngora, como Quevedo, acaba con el petrarquismo. Góngora a causa de su incapacidad para el amor; Quevedo por su capacidad para transformar la muerte por amores, en muerte física, y aun metafísica; Lope, porque lleva toda la rica psicología de Petrarca y sus seguidores en su propia experiencia. En él la vivencia puede tanto como la lectura. [...]

Al lado de los sonetos a Lucinda y del *Cerrar podrá mis ojos*, ¿cómo tomarse en serio el petrarquismo?»

[José Manuel Rozas, "Petrarca y Ausias March en los
sonetos-prólogo amorosos del Siglo de Oro", *Homenajes.
Estudios de filología española*, Madrid, (1964), tomo I, pp. 57-75.]

Lope de Vega, máscaras y romances

«...precisamente su lírica tiene la más pura y personal vibración allí donde se hace oír, no por su propia persona o en asunto propio, sino donde el poeta habla como personaje ficticio o en guisa de máscara. La sensación de representar un papel y personificar lo que no sea simplemente uno mismo, esta ficción que en casi todo el mundo produce el efecto de una rémora impuesta o una carga, en él desata el chorro lírico. [...]

Donde mejor se le logra la elaboración de estos temas juveniles y galantes es en la forma popular del romance, originalmente creada para temas nacionales, históricos y heróicos, no para el personal asunto del amor, pero que por lo mismo precisamente tenía la ventaja de estar ahí, llena de frescor e intacta para este nuevo uso. En realidad, los romances en que Belardo y Filis, Belardo y Belisa o Zaide, Zaida y Felisalva se manifiestan su amor, su porfía, sus celos, su arrepentimiento, su desilusión, su perdón y su enajenamiento, se cuentan entre los brotes más delicados de la lírica de Lope. [...]

[El poeta] no queda vinculado al romance, de cuyo espíritu, literaria y socialmente depurado, procede, sino que pasa a otras formas, tanto vernáculas y del género del canto popular, como importadas de Italia.»

[Karl Vossler, *Lope de Vega y su tiempo*,
Madrid, Revista de Occidente, 1940, 2ª ed.]

GÓNGORA Y LA ARQUITECTURA DEL LENGUAJE

«Poesía [...] como lenguaje: "lenguaje construido". Si toda inspiración se resuelve en una construcción, y eso es siempre el arte, lo típico de Góngora es la abundancia y la sutileza de conexiones que fijan su frase, su estrofa. Nunca poeta alguno ha sido más arquitecto. Nadie ha levantado con más implacable voluntad un edificio de palabras. [...]

Para nuestro gran cordobés, genio verbal por excelencia, [...] solo es poética la frase cuando erige con tensión máxima ese cuadro que pretende articular. Los quiebros antinaturales del hipérbaton interponen una violencia, o lo que es igual, una tensión. Esa tensión adquiere valores expresivos. Cada palabra, en virtud de su "lugar" –puntos que descansan sobre ella y puntos sobre los que ella descansa–, da un rendimiento constructivo y expresivo, cumple con su deber de simetría. De ahí el peso de la estrofa, su porte majestuoso y –como diría Góngora– "ponderoso".»

[Jorge Guillén, *Lenguaje y poesía. Algunos casos españoles*, Madrid, Alianza, 1972.]

QUEVEDO: EL DESGARRÓN AFECTIVO

«El alma de Quevedo era violenta y apasionada. Trasplantada la violencia a su arte, en él se quiebran los tabiques de separación de los dos grandes mundos estéticos del Siglo de Oro [...]. Quevedo, para la mirada más exterior, aparece aún fuertemente dividido por esa doble atracción: mundo suprahumano, mundo infrahumano. Pero, cuando nos acercamos, vemos que en las sacudidas de su apasionada alma se quiebran las barreras. Hemos llamado "desgarrón afectivo" a esa penetración de temas, de giros sintácticos, de léxico, que, desde el plano plebeyo, conversacional y diario, se deslizan o trasvasan al plano elevado, de la poesía burlesca a la más alta lírica, del mundo de la realidad al depurado recinto estético de la tradición renacentista. Sí, ese mundo apasionado y vulgar es como una inmensa

reserva afectiva que lanza emanaciones penetrantes hasta la
poesía más alta.»

[Dámaso Alonso, *Poesía española. Ensayo de métodos y límites
estilísticos*, Madrid, Gredos, 1971, reimp. de la 5ª ed.]

LAS CUMBRES DE LA CORDILLERA ÁUREA

«Valía la pena que alguien se jugase la vida a esa carta
[la de la pureza poética]. Nadie se la ha jugado con más
fortuna que Góngora, éxito maravilloso. No es menor
maravilla que la poesía castellana, en un Siglo verdadera-
mente de Oro, desde Garcilaso, su aurora, pueda abarcar
tales distancias y ofrecer tales polos y con tal riqueza, de
fray Luis de León y san Juan de la Cruz a Góngora y Que-
vedo, acompañados de tantos otros líricos insignes; y en
medio, Lope. No hay blando eclecticismo en admirar
todas las cumbres de cordillera.»

[Jorge Guillén, *Lenguaje y poesía. Algunos casos españoles*,
Madrid, Alianza, 1972.]

5. BIBLIOGRAFÍA ESENCIAL

Antologías

—*Poetas líricos de los siglos XVI y XVII*, BAE, XXXII y XLII,
Madrid, Atlas, 1966 y 1951, reimpr. (2 vols.).

—*Poesía española del Siglo de Oro*, ed. de Luis Rosales, Estella
(Navarra), Salvat, 1973.

—*Poesía lírica del Siglo de Oro*, ed. de Elias L. Rivers, Madrid,
Cátedra, 1979.

–*Poesía de la Edad de Oro*, ed. de José Manuel Blecua, Madrid, Castalia, 1982-1984 (2 vols.).

Algunos estudios de conjunto

–ALONSO, Amado, *Materia y forma en poesía*, Madrid, Gredos, 1977, 3ª ed., 2ª reimp.

–ALONSO, Dámaso, *Poesía española. Ensayo de métodos y límites estilísticos*, Madrid, Gredos, 1971, reimp. de la 5ª ed.

–BLECUA, José Manuel, *Sobre poesía de la Edad de Oro*, Madrid, Gredos, 1970.

–COLLARD, Andrée, *Nueva poesía. Conceptismo y culteranismo en la crítica española*, Madrid, Castalia, 1967.

–COSSÍO, José María de, *Fábulas mitológicas en España*, Madrid, Espasa-Calpe, 1952.

–LAPESA, Rafael, "Los géneros líricos del Renacimiento: la herencia cancioneresca", *Homenaje a Eugenio Asensio*, Madrid, Gredos, 1988, pp. 259-275.

–LÁZARO CARRETER, Fernando, *Estilo barroco y personalidad creadora. Góngora, Quevedo, Lope de Vega*, Madrid, Cátedra, 1974, nueva edición aumentada.

–NAVARRO DURÁN, Rosa, "El placer de la dificultad (En torno a la creación de la lengua poética de la Edad de Oro)", *Anuario brasileño de estudios hispánicos*, I (1991), pp. 63-76.

–OROZCO, Emilio, *Manierismo y Barroco*, Madrid, Cátedra, 1975.

–P.A.S.O., Grupo, *Encuentros internacionales sobre poesía del Siglo de Oro*, Universidad de Sevilla-Universidad de Córdoba, 1991-en curso de publicación. Actas de los encuentros. Han aparecido volúmenes dedicados a *La silva* (1991), *La oda* (1993), *La epístola* (2000)...

–Pérez-Abadín, Soledad, *La oda en la poesía española del siglo XVI*, Universidade de Santiago de Compostela, 1995.

–Pedraza Jiménez, Felipe B., y Milagros Rodríguez Cáceres, *Manual de literatura española. III. Barroco: introducción, prosa y poesía*, Tafalla (Navarra), Cénlit, 1981.

–Prieto, Antonio, *La poesía española del siglo XVI*, Madrid, Cátedra, 1984-1987 (2 vols.).

–Rodríguez-Moñino, Antonio, *Poesía y cancioneros (siglo XVI). Discurso leído ante la R.A.E. el día 20 de octubre de 1968...*, Madrid, 1968.

–Rozas, Juan Manuel, "Petrarca y Ausias March en los sonetos-prólogo amorosos del Siglo de Oro", *Homenajes. Estudios de filología española*, Madrid, 1964, tomo I, pp. 57-75.

–Siles, Jaime, *El Barroco en la poesía española. Conscienciación lingüística y tensión histórica*, Madrid, Doncel, 1975.

6. La edición

Las antologías poéticas son un viejo género que siempre ha tenido lectores apasionados. En los Siglos de Oro, además de los volúmenes impresos como los diversos romanceros y cancioneros o las *Flores de poetas ilustres* de Pedro de Espinosa, proliferaron los manuscritos poéticos que cada aficionado copiaba para su personal uso.

Como esos viejos códices, la selección que ahora ofrecemos quiere ser una muestra representativa del inmenso caudal poético producido en nuestra España aurisecular.

Hemos procurado seguir para cada poema la edición más digna de crédito. En cada caso hemos tratado de acercarnos a los originales con la mayor fidelidad, pero actualizamos y regularizamos la ortografía y puntuamos con el propósito de interpretar adecuadamente el texto y facilitar la lectura.

Las notas, de acuerdo con las normas editoriales, son puramente léxicas y solo pretenden evitar que las consultas frecuentes al diccionario puedan comprometer el deleite de la lectura poética.

Por la variedad de textos poéticos incluimos cuestiones prácticas también en el apartado 1. Estudio y análisis.

Poesía de los Siglos de Oro

LA TRADICIÓN CASTELLANA

JUAN DEL ENCINA
(Salamanca?, 1468 - León, 1529)

I

Más vale trocar
placer por dolores
que estar sin amores.
    Donde es gradecido[1]
es dulce el morir;   5
vivir en olvido,
aquel no es vivir;
mejor es sufrir
pasión y dolores
que estar sin amores.   10
    Es vida perdida
vivir sin amar
y más es que vida
saberla emplear;
mejor es penar   15
sufriendo dolores

---

[1] *gradecido*: agradecido.

que estar sin amores.

    La muerte es vitoria
do vive afición,[2]
que espera haber gloria   20
quien sufre pasión;
más vale presión[3]
de tales dolores
que estar sin amores.

    El que es más penado   25
más goza de amor,
que el mucho cuidado
le quita el temor;
así que es mejor
amar con dolores   30
que estar sin amores.

    No teme tormento
quien ama con fe,
si su pensamiento
sin causa no fue;   35
habiendo por qué,
más valen dolores
que estar sin amores.

Fin

    Amor que no pena
no pida placer,   40
pues ya le condena
su poco querer;

---

[2] *afición*: amor.
[3] *presión*: prisión.

mejor es perder
placer por dolores
que estar sin amores.   45

2

¡Ay, triste, que vengo
vencido de amor,
maguera⁴ pastor!
    Más sano me fuera
no ir al mercado,   5
que no me viniera
tan aquerenciado,⁵
que vengo, cuitado,
vencido de amor,
maguera pastor.   10
    Di jueves,⁶ en villa,
viera una doñata;⁷
quise requerilla⁸
y aballó la pata.⁹
    Aquella me mata,   15
vencido de amor,
maguera pastor.
    Con vista halaguera¹⁰

---

⁴ *maguera*: resulta de la contracción de *maguer* (aunque) y *era*.

⁵ *aquerenciado*: enamorado.

⁶ *di jueves*: jueves (*día jueves*).

⁷ *doñata*: "mujer"; procede de la palabra *dueña*, que se aplicaba a las personas de respeto que ejercían como damas de compañía.

⁸ *requerilla*: "manifestarle su amor"; en el español clásico, en los infinitivos la *r* se asimilaba a la *l*.

⁹ *aballó la pata*: huyó.

¹⁰ *halaguera*: que halaga.

mirela y mirome;
yo no sé quién era,   20
mas ella agradome.

    Y fuese y dejome
vencido de amor,
maguera pastor

    De ver su presencia   25
quedé cariñoso,
quedé sin hemencia, [11]
quedé sin reposo,
quedé muy cuidoso, [12]
vencido de amor,   30
maguera pastor.

    Ahotas [13] que creo
ser poca mi vida,
según que ya veo
que voy de caída.   35
Mi muerte es venida,
vencido de amor,
maguera pastor.

Fin

    Sin dar yo tras ella
no cuido ser vivo, [14]   40
pues que por querella
de mí soy esquivo [15]

---

[11] *hemencia*: vehemencia.
[12] *cuidoso*: preocupado (de *cuidado*: "preocupación").
[13] *ahotas*: exclamación de carácter popular.
[14] *no cuido ser vivo*: no creo poder vivir.
[15] *de mí soy esquivo*: huyo de mí mismo.

y estoy muy cativo,[16]
vencido de amor,
maguera pastor.   45

                        3
    Mi libertad en sosiego,
mi corazón descuidado,
sus muros y fortaleza
amores me la han cercado.
Razón y seso y cordura,   5
que tenía a mi mandado,
hicieron trato con ellos,
¡malamente me han burlado!
Y la fe, que era el alcaide,[17]
las llaves les ha entregado;   10
combatieron por los ojos,
diéronse luego de grado,[18]
entraron a escala vista,[19]
con su vista han escalado,
subieron dos mil sospiros,   15
subió pasión y cuidado.
Diciendo "¡Amores, amores!",
su pendón han levantado.
Cuando quise defenderme,
ya estaba todo tomado;   20
hube de darme a presión[20]

---

[16] *cativo*: desdichado.
[17] *alcaide*: encargado de la custodia de una fortaleza.
[18] *de grado*: de buena gana.
[19] *a escala vista*: sin ocultarse, con la escala para asaltar el castillo a la vista.
[20] *presión*: prisión.

de grado, siendo forzado.
Agora[21], triste cativo,
de mí estoy enajenado;
cuando pienso libertarme,   25
hállome más cativado.
No tiene ningún concierto
la ley del enamorado;
del amor y su poder
no hay quien pueda ser librado.   30

GIL VICENTE
(Lisboa?, Guimarais?, Barcelos?, h. 1465 - Lisboa, 1536)

Comedia Rubena

4
Cantam as lavrandeiras.[22]

LAVRANDEIRAS.   Halcón que se atreve
con garza guerrera,
peligros espera.
        Halcón que se vuela
con garza a porfía,   5
cazar la quería
y no la recela.
Mas quien no se vela
de garza guerrera,
peligros espera. [...]   10

---

[21] *agora*: "ahora"; alternan ambas formas en el Siglo de Oro.
[22] *Cantam as lavrandeiras*: Cantan las bordadoras.

CLITA. La caza de amor
es de altanería; [23]
trabajos [24] de día,
de noche dolor.
Halcón cazador   15
con garza tan fiera,
peligros espera.

Auto de la sibila Casandra

5

Canta Casandra.

Dicen que me case yo: 200
no quiero marido, no.
Más quiero vivir segura
en esta sierra a mi soltura,
que no estar en ventura
si casaré bien o no.   205
Dicen que me case yo:
no quiero marido, no.
Madre, no seré casada
por no ver vida cansada,
o quizá mal empleada   210
la gracia que Dios me dio.
Dicen que me case yo:
no quiero marido, no.
No será ni es nacido
tal para ser mi marido;   215

---

[23] *caza... de altanería*: que se hace con aves de rapiña de alto vuelo, como el halcón.

[24] *trabajos*: preocupaciones.

y pues que tengo sabido
que la flor yo me la so, [25]
dicen que me case yo:
no quiero marido, no.

6

Acabada así su adoración, cantan la cantiga siguiente,
que hizo el autor y a la cual él mismo puso música.

Muy graciosa es la doncella,
¡cómo es bella y hermosa!
    Digas [26] tú, el marinero   770
que en las naves vivías,
si la nave o la vela
o la estrella es tan bella.
    Digas tú, el caballero
que las armas vestías,   775
si el caballo o las armas
o la guerra es tan bella.
    Digas tú, el pastorcico
que el ganadico guardas,
si el ganado o los valles   780
o la sierra es tan bella.

---

[25] *so*: soy.
[26] *digas*: di (imperativo de *decir*).

7

Glosa de las vacas

Guárdame las vacas,
carillejo,[27] *y besarte he;*[28]
si no, bésame tú a mí,
que yo te las guardaré.

En el troque que te pido,   5
Gil, no recibes engaño;
no te muestres tan extraño[29]
por ser de mí requerido.
Tan ventajoso partido
no sé yo quién te lo dé,   10
Si no, bésame tú a mí,
que yo te las guardaré.

Por un poco de cuidado
ganarás de parte mía
lo que a ninguno daría   15
si no por don señalado.
No vale tanto el ganado
como lo que te daré.
Si no, dámelo tú a mí,
que yo te las guardaré.   20

No tengo necesidad
de hacerte este favor,

---

[27] *carillejo*: vocativo despectivo-afectivo (de *caro*: "querido").
[28] *besarte he*: te besaré (forma analítica de futuro).
[29] *extraño*: extrañado, sorprendido.

sino sola la que amor
ha puesto en mi voluntad.
Y negarte la verdad   25
no lo consiente mi fe.
Si no, quiéreme tú a mí,
que yo te las guardaré.

   Oh, cuántos me pidirían
lo que yo te pido a ti,   30
y en alcanzarlo de mí
por dichosos se tendrían.
Toma lo que ellos querrían,
haz lo que te mandaré.
Si no, mándame tú a mí,   35
que yo te las guardaré.

   Mas si tú, Gil, por ventura
quieres ser tan perezoso,
que precies más tu reposo
que gozar de esta dulzura,   40
yo, por darte a ti holgura,[30]
el cuidado tomaré.
Que tú me beses a mí,
que yo te las guardaré.

   Yo seré más diligente   45
que tú sin darme pasión,[31]
porque con el galardón
el trabajo no se siente;
y haré que se contente
mi pena con el porqué.   50

---

[30] *darte holgura*: darte gusto, complacerte.
[31] *sin darme pasión*: sin que me cueste, sin que me duela.

Que tú me beses a mí,
que yo te las guardaré.

8

Aquel caballero, madre,
como a mí le quiero yo,
y remedio no le do. [32]

Él me quiere más que a sí,
yo le mato de cruel;   5
mas en serlo contra él,
también lo soy contra mí.
De verle penar así
muy penada vivo yo,
y remedio no le do.   10

9
[*Sátira contra Garcilaso y Boscán*]

Garcilaso y Boscán, siendo llegados
al lugar donde están los trovadores
que en esta nuestra lengua y sus primores
fueron en este siglo señalados,
    los unos a los otros alterados   5
se miran, con mudanza de colores,
temiéndose que fuesen corredores [33]
espías o enemigos desmandados;
    y juzgando primero por el traje,
paresciéronles ser, como debía,   10

---

[32] *do*: doy.
[33] *corredores*: soldados que se destacan del cuerpo del ejército para atraer
la atención del enemigo y hacerle caer en una emboscada.

gentiles españoles caballeros;
   y oyéndoles hablar nuevo lenguaje
mezclado de extranjera poesía,
con ojos los miraban de extranjeros.

JORGE DE MONTEMAYOR
(Montemor o Velho, 1520 - Piamonte, 1561?)

10
Villancico ajeno

Véante mis ojos,
y muérame yo luego,
dulce amor mío
y lo que yo más quiero.

Montemayor

A trueque de [34] verte,   5
la muerte me es vida;
si fueres servida,
mejora mi suerte,
que no será muerte
si en viéndote muero,   10
dulce amor mío
y lo que yo más quiero.
    ¿Dó está tu presencia?
¿Por qué no te veo?
¡Oh cuánto un deseo   15

---

[34] *a trueque de*: a cambio de.

fatiga en ausencia!
Socorre, paciencia,
que yo desespero
por el amor mío
y lo que yo más quiero.   20

GREGORIO SILVESTRE
(Lisboa, 1520 - Granada, 1569)

II

Señora, vuestros cabellos
de oro son,
y de acero el corazón
que no se muere por ellos.

No son de oro, que no es el   5
oro de tanto valor;
porque no hay cosa mejor,
los comparamos con él.
Yo digo que el oro es de ellos
y ellos son   10
tesoros del corazón,
que siempre contempla en ellos.
Son de lumbre, son de cielo,
son de sol, y más si hay más
adonde suba el compás[35]   15
lo más precioso del suelo.
No hay que comparar con ellos,

---

[35] *adonde suba el compás*: hasta donde alcance.

de oro son,
y de acero el corazón
que no se muere por ellos.   20

    Vuestros cabellos, señora,
son de oro para mí,
que cada uno por sí
me enriquece y me enamora.
Las almas ponéis en ellos   25
en prisión,
y es de acero el corazón
que no se muere por ellos.

JUAN DE TIMONEDA
(Valencia, h. 1515 - 1583)

12

Soy garridica[36]
y vivo penada
por ser mal casada.

    Yo soy, no repuno,[37]
hermosa sin cuento,[38]   5
amada de uno,
querida de ciento.
No tengo contento
ni valgo ya nada
por ser mal casada.   10

---

[36] *garrida*: gallarda, buena moza.
[37] *no repuno*: no lo niego.
[38] *sin cuento*: en grado sumo.

Con estos cabellos
de bel parecer[39]
haría con ellos
los hombres perder.
Quien los puede haber[40]   15
no los tiene en nada
por ser mal casada.

JOAQUÍN ROMERO DE CEPEDA
(Badajoz, 1540? - d. 1590)

13

Ojos, decíselo[41] vos
con mirar,
pues tan bien sabéis hablar.

Hablá, mis ojos, mirando,
pues la lengua está impedida,   5
descubrid esta herida
mil lágrimas derramando;
decid lo que estoy pasando
con mirar:
lo que yo no sé hablar.   10
Si no acertare a decir,
ojos, que muero por ver,

---

[39] *de bel parecer*: bellos.

[40] *haber*: tener, poseer.

[41] *decíselo*: "decídselo"; la supresión de la *d* en la segunda persona del plural del imperativo es fenómeno común en la lengua del Siglo de Oro (lo volvemos a ver en *hablá*).

en vos podrán conocer
lo que no puedo encubrir.
Dad, mis ojos, a sentir   15
con mirar,
pues tan bien sabéis hablar.

Poemas anónimos en cancioneros y libros de música

Los seis libros del Delfín de música (1538)
de Luis de Narváez

14
Si tantos halcones
la garza combaten,
a fe que la maten.
   La garza se queja
de ver su ventura, [42]   5
que nunca la deja
gozar del altura;
con gozo y tristura
así la combaten,
por Dios que la maten.   10

15
Ardé, corazón, ardé, [43]
que no os puedo yo valer.

---

[42] *ventura:* mala ventura, desgracia.

[43] *ardé:* "arded", forma de imperativo propia del Siglo de Oro; la veremos constantemente repetida.

Tres libros de música en cifra para vihuela (1546)
de Alonso Mudarra

16

    Gentil caballero,
dédesme hora [44] un beso,
siquiera por el daño
que me habéis fecho.
    Venía el caballero,   5
venía de Sevilla,
en huerta de monjas
limones cogía,
y la prioresa [45]
prendas le pedía: 10
siquiera por el daño
que me habéis fecho.

Villancicos y canciones (1551)
de Juan Vásquez

17

    ¿Por qué me besó Perico,
por qué me besó el traidor?
    Dijo que en Francia se usaba
y por eso me besaba,
y también porque sanaba   5
con el beso su dolor.
¿Por qué me besó Perico,
por qué me besó el traidor?

---

[44] *dédesme hora*: dadme ahora.
[45] *prioresa*: madre superiora.

Libro de música de vihuela (1552)
de Diego Pisador

18

Malferida[46] iba la garza
enamorada:
sola va y gritos daba.
    Donde la garza hace su nido,
ribericas de aquel río,   5
sola va y gritos daba.

Libro de música para vihuela intitulado
Orfénica lira (1554)
de Miguel de Fuenllana

19

Quiero dormir y no puedo,
que el amor me quita el sueño.
    Manda pregonar el rey
por Granada y por Sevilla
que todo hombre enamorado   5
que se case con su amiga:
que el amor me quita el sueño.
    Que se case con su amiga.
¿Qué haré, triste, cuitado,[47]
que era casada la mía?   10
Que el amor me quita el sueño.
    Quiero dormir y no puedo,
que el amor me quita el sueño.

---

[46] *malferida*: malherida (conservación arcaizante de la *f-* latina).
[47] *cuitado*: desdichado.

20
Endechas[48]

Pariome mi madre
una noche escura,
cubriome de luto,
faltome ventura.

Cuando yo nascí,   5
la hora menguaba,
ni perro se oía,
ni gallo cantaba.
Ni gallo cantaba,
ni perro se oía,   10
sino mi ventura
que me maldecía.

Apartaos de mí,
bien afortunados,
que de solo verme   15
seréis desdichados.
Dijeron mis hados
cuando fui nascido,
si damas amase,
fuese aborrecido.   20

Yo fui engendrado
en signo nocturno,
reinaba Saturno[49]

---

[48] *endecha*: canción triste o de lamento.
[49] Saturno es el dios de la melancolía y la tristeza.

en curso menguado. [50]
Mi leche y la cuna   25
es la dura tierra,
crióme una perra,
mujer no, ninguna.
   Muriendo mi madre,
con voz de tristura,   30
púsome por nombre
hijo sin ventura.
Cupido enojado
con sus sofraganos [51]
el arco en las manos   35
me tiene encarado. [52]

                21

   Si la noche hace escura
y tan corto es el camino,
¿cómo no venís, amigo?
   La media noche es pasada
y el que me pena no viene: 5
mi desdicha lo detiene,
¡que nascí tan desdichada!
Háceme vivir penada
y muéstraseme enemigo.
¿Cómo no venís, amigo?   10

---

[50] *menguado*: triste, desdichado.
[51] *sofraganos*: sufragáneos, subordinados, los que dependen del Amor.
[52] *encarado*: "mirando de frente"; el arma le está apuntando.

68

Recopilación de sonetos y villancicos (1560)
de Juan Vásquez

22

¿Agora que sé de amor, me metéis monja?
¡Ay, Dios, qué grave cosa!
　Agora que sé de amor de caballero,
agora me metéis monja en el monesterio.
¡Ay, Dios, qué grave cosa!　　　　　　5

El italianismo.
Garcilaso de la Vega y sus seguidores

Juan Boscán
(Barcelona, 1474 - 1542)

23

Si no os hubiera mirado,
no penara,
pero tampoco os mirara.
  Veros harto [53] mal ha sido,
mas no veros peor fuera;   5
no quedara tan perdido,
pero mucho más perdiera.
¿Qué viera aquel que no os viera?
¿Cuál [54] quedara,
señora, si no os mirara?   10

24

Garcilaso, que al bien siempre aspiraste,
y siempre con tal fuerza le seguiste,

---

[53] *harto*: bastante.
[54] *cuál*: cómo, de qué manera.

que a pocos pasos que tras él corriste,
en todo enteramente le alcanzaste;
   dime: ¿por qué tras ti no me llevaste,   5
cuando de esta mortal tierra partiste?
¿Por qué al subir a lo alto que subiste,
acá en esta bajeza me dejaste?

   Bien pienso yo que si poder tuvieras
de mudar algo lo que está ordenado,   10
en tal caso de mí no te olvidaras.

   Que, o quisieras honrarme con tu lado, [55]
o, a lo menos, de mí te despidieras;
o si esto no, después por mí tornaras. [56]

25

   Dulce soñar y dulce congojarme, [57]
cuando estaba soñando que soñaba;
dulce gozar con lo que me engañaba,
si un poco más durara el engañarme.

   Dulce no estar en mí, que figurarme   5
podía cuanto bien yo deseaba;
dulce placer, aunque me importunaba
que alguna vez llegaba a despertarme.

   ¡Oh sueño, cuánto más leve y sabroso
me fuera si vinieras tan pesado,   10
que asentaras en mí con más reposo!

   Durmiendo, en fin, fui bienaventurado;
y es justo en la mentira ser dichoso
quien siempre en la verdad fue desdichado.

---

[55] *con tu lado*: con tu presencia.
[56] *tornaras*: volvieras.
[57] *congojarme*: acongojarme.

Garcilaso de la Vega
(Toledo, h. 1498 - Frejus, 1536)

26
Soneto I

Cuando me paro a contemplar mi estado
y a ver los pasos por do me han traído,
hallo, según por do anduve perdido,
que a mayor mal pudiera haber llegado;
    mas cuando del camino estó olvidado,   5
a tanto mal no sé por dó he venido;
sé que me acabo, [58] y más he yo sentido
ver acabar comigo mi cuidado. [59]
    Yo acabaré, que me entregué sin arte
a quien sabrá perderme y acabarme,   10
si quisiere, y aun sabrá querello;
    que pues mi voluntad puede matarme,
la suya, que no es tanto de mi parte,
pudiendo, ¿qué hará sino hacello?

27
Soneto X

    ¡Oh dulces prendas [60] por mi mal halladas,
dulces y alegres cuando Dios quería,
juntas estáis en la memoria mía,
y con ella en mi muerte conjuradas!
    ¿Quién me dijera, cuando las pasadas   5

---

[58] *acabo*: muero.
[59] *cuidado*: pasión amorosa.
[60] *prendas*: regalos que había recibido de su dama.

horas que en tanto bien por vos me vía,
que me habíades de ser en algún día
con tan grave dolor representadas?

    Pues en una hora junto me llevastes
todo el bien que por términos me distes,   10
llevame junto el mal que me dejastes;

    si no, sospecharé que me pusistes
en tantos bienes, porque deseastes
verme morir entre memorias tristes.

28

Soneto XI

    Hermosas ninfas, [61] que en el río metidas,
contentas habitáis en las moradas
de relucientes piedras fabricadas
y en columnas de vidrio sostenidas;

    agora estéis labrando embebecidas,   5
o tejiendo las telas delicadas;
agora unas con otras apartadas,
contándoos los amores y las vidas,

    dejad un rato la labor, alzando
vuestras rubias cabezas a mirarme,   10
y no os detendréis mucho según ando;

    que o no podréis de lástima escucharme,
o convertido en agua aquí llorando,
podréis allá despacio consolarme.

---

[61] *ninfas*: diosas de las aguas y los bosques en la mitología grecolatina.

29
Soneto XIII

A Dafne [62] ya los brazos le crecían
y en luengos [63] ramos vueltos se mostraban;
en verdes hojas vi que se tornaban
los cabellos que el oro escurecían;
    de áspera corteza se cubrían   5
los tiernos miembros que aún bullendo estaban;
los blancos pies en tierra se hincaban
y en torcidas raíces se volvían.
    Aquel que fue la causa de tal daño,
a fuerza de llorar, crecer hacía   10
este árbol, que con lágrimas regaba.
    ¡Oh miserable estado, oh mal tamaño, [64]
que con llorarla crezca cada día
la causa y la razón por que lloraba!

30
Soneto XXII

En tanto que de rosa y azucena
se muestra la color en vuestro gesto, [65]
y que vuestro mirar ardiente, honesto,
con clara luz la tempestad serena;
    y en tanto que el cabello, que en la vena   5
del oro se escogió, con vuelo presto,

---

[62] *Dafne*: ninfa a la que los dioses convirtieron en laurel cuando Apolo, enamorado de ella, iba persiguiéndola.

[63] *luengos*: largos.

[64] *tamaño*: tan grande.

[65] *gesto*: rostro, cara.

por el hermoso cuello blanco, enhiesto, [66]
el viento mueve, esparce y desordena;
   coged de vuestra alegre primavera
el dulce fruto, antes que el tiempo airado   10
cubra de nieve la hermosa cumbre.
   Marchitará la rosa el viento helado,
todo lo mudará la edad ligera
por no hacer mudanza en su costumbre.

31

Soneto XXVII

   A la entrada de un valle, en un desierto
do nadie atravesaba ni se vía,
vi que con extrañeza un can hacía
extremos de dolor con desconcierto:
   ahora suelta el llanto al cielo abierto,   5
ora va rastreando por la vía;
camina, vuelve, para, y todavía
quedaba desmayado como muerto.
   Y fue que se apartó de su presencia
su amo, y no le hallaba, y esto siente: 10
mirad hasta dó llega el mal de ausencia.
   Moviome a compasión ver su accidente;
díjele, lastimado: "Ten paciencia,
que yo alcanzo razón, y estoy ausente."

---

[66] *enhiesto*: erguido.

32

Canción IV

El aspereza de mis males quiero
que se muestre también en mis razones,
como ya en los efetos se ha mostrado;
lloraré de mi mal las ocasiones,
sabrá el mundo la causa por que muero,   5
y moriré a lo menos confesado,
pues soy por los cabellos arrastrado
de un tan desatinado pensamiento
que por agudas peñas peligrosas,
por matas espinosas,   10
corre con ligereza más que el viento,
bañando de mi sangre la carrera.
Y para más despacio atormentarme,
llévame alguna vez por entre flores,
adó[67] de mis tormentos y dolores   15
descanso y de ellos vengo a no acordarme;
mas él a más descanso no me espera:
antes, como me ve de esta manera,
con un nuevo furor y desatino
torna a seguir el áspero camino.   20

No vine por mis pies a tantos daños:
fuerzas de mi destino me trujeron[68]
y a la que me atormenta me entregaron.
Mi razón y juicio bien creyeron
guardarme, como en los pasados años   25
de otros graves peligros me guardaron;

---

[67] *adó*: adonde.
[68] *trujeron*: trajeron.

mas cuando los pasados compararon
con los que venir vieron, no sabían
lo que hacer de sí ni dó meterse,
que luego empezó a verse   30
la fuerza y el rigor con que venían.
Mas de pura vergüenza costreñida,
con tardo[69] paso y corazón medroso
al fin ya mi razón salió al camino;
cuanto era el enemigo más vecino,   35
tanto más el recelo temeroso
le mostraba el peligro de su vida;
pensar en el dolor de ser vencida
la sangre alguna vez le calentaba,
mas el mismo temor se la enfriaba.   40

Estaba yo a mirar,[70] y peleando
en mi defensa, mi razón estaba
cansada y en mil partes ya herida,
y sin ver yo quien dentro me incitaba
ni saber cómo, estaba deseando   45
que allí quedase mi razón vencida;
nunca en todo el proceso de mi vida
cosa se me cumplió que desease
tan presto como aquesta, que a la hora
se rindió la señora   50
y al siervo consintió que gobernase
y usase de la ley del vencimiento.
Entonces yo sentime salteado[71]
de una vergüenza libre y generosa;

---

[69] *tardo*: lento.
[70] *a mirar*: mirando.
[71] *salteado*: asaltado, invadido.

corrime[72] gravemente que una cosa   55
tan sin razón hubiese así pasado;
luego[73] siguió el dolor al corrimiento
de ver mi reino en mano de quien cuento,
que me da vida y muerte cada día,
y es la más moderada tiranía.   60

    Los ojos, cuya lumbre bien pudiera
tornar clara la noche tenebrosa
y escurecer el sol a mediodía,
me convertieron luego en otra cosa,
en volviéndose a mí la vez primera,   65
con la calor del rayo que salía
de su vista, que en mí se difundía;
y de mis ojos la abundante vena
de lágrimas, al sol que me inflamaba,
no menos ayudaba   70
a hacer mi natura[74] en todo ajena
de lo que era primero. Corromperse
sentí el sosiego y libertad pasada,
y el mal de que muriendo estó[75] engendrarse,
y en tierra sus raíces ahondarse   75
tanto cuanto su cima levantada
sobre cualquier altura hace verse;
el fruto que de aquí suele cogerse
mil[76] es amargo, alguna vez sabroso,
mas mortífero siempre y ponzoñoso.   80

---

[72] *corrime*: me avergoncé.
[73] *luego*: inmediatamente.
[74] *natura*: naturaleza.
[75] *estó*: estoy.
[76] *mil*: mil veces.

De mí agora huyendo, voy buscando
a quien huye de mí como enemiga,
que al un error añado el otro yerro,
y en medio del trabajo y la fatiga
estoy cantando yo, y está sonando   85
de mis atados pies el grave hierro.
Mas poco dura el canto si me encierro
acá dentro de mí, porque allí veo
un campo lleno de desconfianza:
muéstrame la esperanza   90
de lejos su vestido y su meneo,
mas ver su rostro nunca me consiente;
torno a llorar mis daños, porque entiendo
que es un crudo linaje de tormento
para matar aquel que está sediento   95
mostralle el agua por que está muriendo,
de la cual el cuitado juntamente
la claridad contempla, el ruido siente,
mas cuando llega ya para bebella,
gran espacio se halla lejos de ella.   100
    De los cabellos de oro fue tejida
la red que fabricó mi sentimiento,
do mi razón, revuelta y enredada,
con gran vergüenza suya y corrimiento,
sujeta al apetito y sometida,   105
en público adulterio fue tomada,
del cielo y de la tierra contemplada.
Mas ya no es tiempo de mirar yo en esto,
pues no tengo con qué considerallo,
y en tal punto me hallo,   110
que estoy sin armas en el campo puesto,

y el paso ya cerrado y la huida.
¿Quién no se espantara de lo que digo?,
que es cierto que he venido a tal extremo,
que del grave dolor que huyo y temo   115
me hallo algunas veces tan amigo,
que en medio de él, si vuelvo a ver la vida
de libertad, la juzgo por perdida,
y maldigo las horas y momentos
gastadas mal en libres pensamientos.   120
   No reina siempre aquesta fantasía,
que en imaginación tan variable
no se reposa un hora el pensamiento:
viene con un rigor tan intratable
a tiempos el dolor, que al alma mía   125
desampara, huyendo, el sufrimiento.
Lo que dura la furia del tormento,
no hay parte en mí que no se me trastorne
y que en torno de mí no esté llorando,
de nuevo protestando   130
que de la vía espantosa atrás me torne.
Esto ya por razón no va fundado,
ni le dan parte de ello a mi juicio,
que este discurso todo es ya perdido;
mas es en tanto daño del sentido   135
este dolor, y en tanto perjuicio,
que todo lo sensible atormentado,
del bien, si alguno tuvo, ya olvidado
está de todo punto, y solo siente
la furia y el rigor del mal presente.   140
   En medio de la fuerza del tormento,
una sombra de bien se me presenta,

do el fiero ardor un poco se mitiga:
figúraseme cierto a mí que sienta
alguna parte de lo que yo siento   145
aquella tan amada mi enemiga
(es tan incomportable[77] la fatiga,
que si con algo yo no me engañase
para poder llevalla, moriría
y así me acabaría   150
sin que de mí en el mundo se hablase);
así que del estado más perdido
saco algún bien. Mas luego en mí la suerte
trueca y revuelve el orden: que algún hora
si el mal acaso un poco en mí mejora,   155
aquel descanso luego se convierte
en un temor que me ha puesto en olvido
aquella por quien sola me he perdido,
y así del bien que un rato satisface
nace el dolor que el alma me deshace.   160

   Canción, si quien te viere se espantare
de la instabilidad[78] y ligereza
y revuelta[79] del vago pensamiento
—estable, grave y firme es el tormento—,
le di que es causa cuya fortaleza   165
es tal que cualquier parte en que tocare
la hará revolver hasta que pare
en aquel fin de lo terrible y fuerte
que todo el mundo afirma que es la muerte.

---

[77] *incomportable*: intolerable.
[78] *instabilidad*: inestabilidad.
[79] *revuelta*: mudanza.

33
Ode ad florem Gnidi[80]

Si de mi baja lira
tanto pudiese el son que en un momento
aplacase la ira
del animoso viento
y la furia del mar y el movimiento;   5
y en ásperas montañas
con el suave canto enterneciese
las fieras alimañas,
los árboles moviese
y al son confusamente los trujiese,   10
   no pienses que cantado
sería de mí, hermosa flor de Gnido,
el fiero Marte airado,
a muerte convertido,[81]
de polvo y sangre y de sudor teñido;   15
   ni aquellos capitanes
en las sublimes ruedas[82] colocados,
por quien los alemanes,
el fiero cuello atados,[83]
y los franceses van domesticados;   20
   mas solamente aquella

---

[80] *Gnido*: barrio napolitano donde vivía doña Violante Sanseverino, de la que estaba enamorado Mario Galeota, el amigo por quien Garcilaso intercede ante la dama.

[81] *a muerte convertido*: "dirigido a la muerte"; Marte es el dios de la guerra.

[82] *ruedas*: "carros", por sinécdoque. Se refiere a los desfiles de la antigua Roma, en los que los vencedores iban montados en carros.

[83] *el fiero cuello atados*: "atados en cuanto al fiero cuello"; es una construcción sintáctica denominada "acusativo griego".

fuerza de tu beldad sería cantada,
y alguna vez con ella
también sería notada
el aspereza de que estás armada;   25
   y cómo por ti sola,
y por tu gran valor y hermosura
convertido en viola,[84]
llora su desventura
el miserable amante en tu figura.[85]   30
   Hablo de aquel cativo,
de quien tener se debe más cuidado,
que está muriendo vivo,
al remo condenado,
en la concha de Venus amarrado.[86]   35
   Por ti, como solía,
del áspero caballo no corrige
la furia y gallardía,
ni con freno la rige,
ni con vivas espuelas ya le aflige.   40
   Por ti, con diestra mano
no revuelve la espada presurosa,
y en el dudoso llano
huye la polvorosa
palestra[87] como sierpe ponzoñosa.   45
   Por ti, su blanda musa,

---

[84] *convertido en viola*: ha tomado el color de la violeta, está pálido.

[85] Vuelve a aludir a su semejanza con la violeta, flor que se relaciona con la dama por su nombre: Violante.

[86] Cuenta la mitología que Venus, diosa del amor, nació de una concha.

[87] *palestra*: lugar donde antiguamente se luchaba.

en lugar de la cítera [88] sonante,
tristes querellas usa,
que con llanto abundante
hacen bañar el rostro del amante.   50
    Por ti, el mayor amigo
le es importuno, grave, enojoso;
yo puedo ser testigo,
que ya del peligroso
naufragio fui su puerto y su reposo.   55
    Y agora en tal manera
vence el dolor a la razón perdida,
que ponzoñosa fiera
nunca fue aborrecida
tanto como yo de él, ni tan temida.   60
    No fuiste tú engendrada
ni producida de la dura tierra;
no debe ser notada
que ingratamente yerra
quien todo el otro error de sí destierra. [89]   65
    Hágate temerosa
el caso de Anajárete, [90] y cobarde,
que de ser desdeñosa
se arrepintió muy tarde,
y así su alma con su mármol arde.   70
    Estábase alegrando
del mal ajeno el pecho empedernido,

---

[88] *cítera*: cítara, instrumento musical.

[89] *no debe ser notada… destierra*: debe evitar ser tachada de ingrata quien no tiene ningún otro defecto.

[90] Según la mitología, Anajárete o Anajarte era famosa por su ingratitud; en castigo, los dioses la trasformaron en estatua de piedra.

cuando, abajo mirando,
el cuerpo muerto vido [91]
del miserable amante allí tendido;   75
    y al cuello el lazo atado,
con que desenlazó de la cadena
el corazón cuitado,
y con su breve pena
compró la eterna punición ajena. [92]   80
    Sentió allí convertirse
en piedad amorosa el aspereza.
¡Oh tarde arrepentirse!
¡Oh última terneza!
¿Cómo te sucedió mayor dureza?   85
    Los ojos se enclavaron
en el tendido cuerpo que allí vieron;
los huesos se tornaron
más duros y crecieron,
y en sí toda la carne convertieron;   90
    las entrañas heladas
tornaron poco a poco en piedra dura;
por las venas cuitadas
la sangre su figura
iba desconociendo y su natura; [93]   95
    hasta que, finalmente,
en duro mármol vuelta y transformada,
hizo de sí la gente

---

[91] *vido*: vio.

[92] *con su breve pena... ajena*: con el breve sufrimiento de su muerte consiguió el castigo eterno de la ingrata.

[93] *la sangre... y su natura*: la sangre iba perdiendo la naturaleza que le era propia.

no tan maravillada
cuanto de aquella ingratitud vengada. [94]   100
   No quieras tú, señora,
de Némesis [95] airada las saetas
probar, por Dios, agora;
baste que tus perfetas
obras y hermosura a los poetas   105
   den inmortal materia,
sin que también en verso lamentable
celebren la miseria
de algún caso notable
que por ti pase triste, miserable.   110

34
Égloga I

Al virrey de Nápoles

Personas: Salicio, Nemoroso

   El dulce lamentar de dos pastores,
Salicio juntamente y Nemoroso,
he de cantar, sus quejas imitando;
cuyas ovejas al cantar sabroso
estaban muy atentas, los amores,   5
de pacer olvidadas, escuchando.
Tú, que ganaste obrando
un nombre en todo el mundo

---

[94] *la gente... vengada*: la gente no se admiró tanto de la trasformación de Anajárete como de ver vengada aquella ingratitud.

[95] Némesis es la diosa de la venganza.

y un grado sin segundo,
agora estés atento, solo y dado   10
al ínclito gobierno del estado
albano,[96] agora vuelto a la otra parte,
resplandeciente, armado,
representando en tierra el fiero Marte;
    agora, de cuidados enojosos   15
y de negocios libre, por ventura
andes a caza, el monte fatigando
en ardiente jinete que apresura
el curso tras los ciervos temerosos,
que en vano su morir van dilatando: 20
espera, que en tornando
a ser restituido
al ocio ya perdido,
luego verás ejercitar mi pluma
por la infinita, innumerable suma   25
de tus virtudes y famosas obras,
antes que me consuma,
faltando a ti, que a todo el mundo sobras.[97]

    En tanto que este tiempo que adevino
viene a sacarme de la deuda un día   30
que se debe a tu fama y a tu gloria
(que es deuda general, no solo mía,
mas de cualquier ingenio peregrino[98]
que celebra lo digno de memoria),

---

[96] *estado albano*: "estado gobernado por un miembro de la casa de
Alba". Se refiere a Nápoles, donde era virrey don Pedro de Toledo, herma-
no del duque de Alba.

[97] *sobras*: "superas, excedes", en antítesis con *faltando*.

[98] *peregrino*: extraño, pocas veces visto.

el árbol de victoria   35
que ciñe estrechamente
tu gloriosa frente
dé lugar a la hiedra que se planta
debajo de tu sombra y se levanta
poco a poco, arrimada a tus loores;   40
y en cuanto esto se canta,
escucha tú el cantar de mis pastores.

    Saliendo de las ondas encendido,
rayaba de los montes el altura[99]
el sol, cuando Salicio, recostado   45
al pie de una alta haya, en la verdura
por donde una agua clara con sonido
atravesaba el fresco y verde prado,
él, con canto acordado[100]
al rumor que sonaba   50
del agua que pasaba,
se quejaba tan dulce y blandamente
como si no estuviera de allí ausente
la que de su dolor culpa tenía,
y así como presente,   55
razonando con ella, le decía:

SALICIO.   ¡Oh más dura que mármol a mis quejas
y al encendido fuego en que me quemo
más helada que nieve, Galatea!
Estoy muriendo, y aún la vida temo;   60

---

[99] *el altura*: "la altura"; en el Siglo de Oro era frecuente el uso del artículo *el* ante sustantivos femeninos que empezaran por vocal, aunque no fuera tónica.

[100] *acordado*: acorde, en armonía con.

témola con razón, pues tú me dejas,
que no hay sin ti el vivir para qué sea. [101]
Vergüenza he [102] que me vea
ninguno en tal estado,
de ti desamparado,   65
y de mí mismo yo me corro [103] agora.
¿De un alma te desdeñas ser señora
donde siempre moraste, no pudiendo
de ella salir un hora?
Salid sin duelo, lágrimas, corriendo.   70

   El sol tiende los rayos de su lumbre
por montes y por valles, despertando
las aves y animales y la gente:
cuál por el aire claro va volando,
cuál por el verde valle o alta cumbre   75
paciendo va segura y libremente,
cuál con el sol presente
va de nuevo al oficio
y al usado ejercicio
do su natura o menester le inclina;   80
siempre está en llanto esta ánima mezquina, [104]
cuando la sombra el mundo va cubriendo,
o la luz se avecina.
Salid sin duelo, lágrimas, corriendo.

   Y tú, de esta mi vida ya olvidada,   85
sin mostrar un pequeño sentimiento
de que por ti Salicio triste muera,

---

[101] *que no hay sin ti... sea*: la vida carece de sentido sin ti.
[102] *vergüenza he*: tengo vergüenza.
[103] *me corro*: me avergüenzo.
[104] *mezquina*: desdichada.

dejas llevar, desconocida, al viento
el amor y la fe que ser guardada
eternamente solo a mí debiera.   90
¡Oh Dios!, ¿por qué siquiera,
pues ves desde tu altura
esta falsa perjura
causar la muerte de un estrecho amigo,
no recibe del cielo algún castigo?   95
Si en pago de1 amor yo estoy muriendo,
¿qué hará el enemigo?
Salid sin duelo, lágrimas, corriendo.

    Por ti el silencio de la selva umbrosa,
por ti la esquividad [105] y apartamiento   100
del solitario monte me agradaba;
por ti la verde hierba, el fresco viento,
el blanco lirio y colorada rosa
y dulce primavera deseaba.
¡Ay, cuánto me engañaba!   105
¡Ay, cuán diferente era
y cuán de otra manera
lo que en tu falso pecho se escondía!
Bien claro con su voz me lo decía
la siniestra corneja, [106] repitiendo   110
la desventura mía.
Salid sin duelo, lágrimas, corriendo.

    ¡Cuántas veces, durmiendo en la floresta,
reputándolo yo por desvarío,
vi mi mal entre sueños, desdichado!   115

---

[105] *esquividad*: condición del que es esquivo y rehúye la compañía de los demás.

[106] El canto de la corneja era de mal agüero, anunciaba desdichas.

Soñaba que en el tiempo del estío
llevaba, por pasar allí la siesta,
a abrevar en el Tajo mi ganado;
y después de llegado,
sin saber de cuál arte,   120
por desusada parte
y por nuevo camino el agua se iba;
ardiendo yo con la calor estiva, [107]
el curso enajenado [108] iba siguiendo
del agua fugitiva.   125
Salid sin duelo, lágrimas, corriendo.

Tu dulce habla ¿en cúya oreja suena?
Tus claros ojos ¿a quién los volviste?
¿Por quién tan sin respeto me trocaste?
Tu quebrantada fe ¿dó la pusiste?   130
¿Cuál es el cuello que como en cadena
de tus hermosos brazos añudaste?
No hay corazón que baste,
aunque fuese de piedra,
viendo mi amada hiedra   135
de mí arrancada, en otro muro asida,
y mi parra en otro olmo entretejida,
que no se esté con llanto deshaciendo
hasta acabar la vida.
Salid sin duelo, lágrimas, corriendo.   140

¿Qué no se esperará de aquí adelante,
por difícil que sea y por incierto,
o qué discordia no será juntada. [109]

---

[107] *estiva*: del estío, del verano.
[108] *enajenado*: salido de su cauce habitual.
[109] *juntada*: reconciliada.

Y juntamente ¿qué terná[110] por cierto,
o qué de hoy más no temerá el amante,   145
siendo a todo materia[111] por ti dada?
Cuando tú enajenada
de mi cuidado fuiste,
notable causa diste
y ejemplo a todos cuantos cubre el cielo: 150
que el más seguro tema con recelo
perder lo que estuviere poseyendo.
Salid fuera sin duelo,
salid sin duelo, lágrimas, corriendo.

Materia diste al mundo de esperanza   155
de alcanzar lo imposible y no pensado
y de hacer juntar lo diferente,
dando a quien diste el corazón malvado,
quitándolo de mí con tal mudanza,
que siempre sonará de gente en gente.   160
La cordera paciente
con el lobo hambriento
hará su ajuntamiento,
y con las simples aves sin ruido
harán las bravas sierpes ya su nido,   165
que mayor diferencia comprehendo
de ti al que has escogido.
Salid sin duelo, lágrimas, corriendo.

Siempre de nueva leche en el verano
y en el invierno abundo; en mi majada   170
la manteca y el queso está sobrado.

---

[110] *terná*: "tendrá"; es forma común en el Siglo de Oro.
[111] *materia*: motivo.

De mi cantar, pues, yo te vía agradada
tanto que no pudiera el mantuano
Títero [112] ser de ti más alabado.
No soy, pues, bien mirado,   175
tan disforme ni feo,
que aun agora me veo
en esta agua que corre clara y pura,
y cierto no trocara mi figura
con ese que de mí se está reyendo, [113] 180
¡trocara mi ventura!
Salid sin duelo, lágrimas, corriendo.

 ¿Cómo te vine en tanto menosprecio?
¿Cómo te fui tan presto aborrecible?
¿Cómo te faltó en mí el conocimiento? [114] 185
Si no tuvieras condición terrible,
siempre fuera tenido de ti en precio
y no viera este triste apartamiento.
¿No sabes que sin cuento
buscan en el estío   190
mis ovejas el frío
de la sierra de Cuenca, y el gobierno
del abrigado Extremo [115] en el invierno?
Mas ¡qué vale el tener, si derritiendo
me estoy en llanto eterno!   195

---

[112] *Títero*: Títiro, personaje de la *Égloga primera* de Virgilio, poeta natural de Mantua.

[113] *reyendo*: riendo.

[114] *¿Cómo te faltó… conocimiento?*: ¿Cómo no supiste conocerme, valorarme?

[115] *Extremo*: "Extremadura", adonde iban los rebaños trashumantes en invierno, después de pasar el verano en la serranía de Cuenca.

Salid sin duelo, lágrimas, corriendo.

Con mi llorar las piedras enternecen
su natural dureza y la quebrantan;
los árboles parece que se inclinan;
las aves que me escuchan, cuando cantan,   200
con diferente voz se condolecen
y mi morir cantando me adevinan;
las fieras que reclinan
su cuerpo fatigado
dejan el sosegado   205
sueño por escuchar mi llanto triste:
tú sola contra mí te endureciste,
los ojos aun siquiera no volviendo
a los que tú hiciste
salir, sin duelo, lágrimas corriendo.   210

Mas ya que a socorrerme aquí no vienes,
no dejes el lugar que tanto amaste,
que bien podrás venir de mí segura.
Yo dejaré el lugar do me dejaste;
ven si por solo aquesto te detienes.   215
Ves aquí un prado lleno de verdura,
ves aquí un espesura,
ves aquí un agua clara,
en otro tiempo cara, [116]
a quien de ti con lágrimas me quejo;   220
quizá aquí hallarás, pues yo me alejo,
al que todo mi bien quitarme puede,
que pues el bien le dejo,
no es mucho que el lugar también le quede.

---

[116] *cara*: querida.

Aquí dio fin a su cantar Salicio,   225
y sospirando en el postrero acento,
soltó de llanto una profunda vena;
queriendo el monte al grave sentimiento
de aquel dolor en algo ser propicio,
con la pesada voz retumba y suena;   230
la blanda Filomena, [117]
casi como dolida
y a compasión movida,
dulcemente responde al son lloroso.
Lo que cantó tras esto Nemoroso   235
decildo [118] vos, Piérides, [119] que tanto
no puedo yo ni oso,
que siento enflaquecer mi débil canto.

NEMOROSO. Corrientes aguas puras, cristalinas,
árboles que os estáis mirando en ellas,   240
verde prado de fresca sombra lleno,
aves que aquí sembráis vuestras querellas, [120]
hiedra que por los árboles caminas,
torciendo el paso por su verde seno:
yo me vi tan ajeno   245
del grave mal que siento,
que de puro contento
con vuestra soledad me recreaba,
donde con dulce sueño reposaba,

---

[117] Filomena o Filomela es un personaje a quien los dioses convirtieron en ruiseñor.

[118] *decildo*: "decidlo"; metátesis (cambio de lugar) de las dos consonantes.

[119] *Piérides*: "las musas"; se llamaban así por ser naturales de la región de Pieria, en el norte de Grecia.

[120] *querellas*: quejas.

o con el pensamiento discurría   250
por donde no hallaba
sino memorias llenas de alegría;
    y en este mismo valle, donde agora
me entristezco y me canso en el reposo,
estuve ya contento y descansado.   255
¡Oh bien caduco, vano y presuroso!
Acuérdome, durmiendo aquí algún hora,
que, despertando, a Elisa vi a mi lado.
¡Oh miserable hado!
¡Oh tela delicada,   260
antes de tiempo dada
a los agudos filos de la muerte!
Más convenible [121] fuera aquesta suerte
a los cansados años de mi vida,
que es más que el hierro fuerte,   265
pues no la ha quebrantado tu partida.
¿Dó están agora aquellos claros ojos
que llevaban tras sí, como colgada,
mi alma, doquier [122] que ellos se volvían?
    ¿Dó está la blanca mano delicada,   270
llena de vencimientos y despojos [123]
que de mí mis sentidos le ofrecían?
Los cabellos que vían [124]
con gran desprecio al oro
como a menor tesoro,   275

---

[121] *convenible*: conveniente.

[122] *doquier*: adonde quiera.

[123] *vencimientos y despojos*: "el botín que obtiene el vencedor de una batalla"; aquí alude, metafóricamente, a la dependencia del amante respecto a la amada.

[124] *vían*: "veían"; contracción habitual en Garcilaso.

¿adónde están?; ¿adónde el blanco pecho?
¿Dó la columna que el dorado techo
con proporción graciosa sostenía?
Aquesto todo agora ya se encierra,
por desventura mía,   280
en la escura, desierta y dura tierra.

   ¿Quién me dijera, Elisa, vida mía,
cuando en aqueste valle al fresco viento
andábamos cogiendo tiernas flores,
que había de ver, con largo apartamiento,   285
venir el triste y solitario día
que diese amargo fin a mis amores?
El cielo en mis dolores
cargó la mano tanto,
que a sempiterno llanto   290
y a triste soledad me ha condenado;
y lo que siento más es verme atado
a la pesada vida y enojosa,
solo, desamparado,
ciego, sin lumbre en cárcel tenebrosa.   295

   Despúes que nos dejaste, nunca pace
en hartura el ganado ya, ni acude
el campo al labrador con mano llena;
no hay bien que en mal no se convierta y mude.
La mala hierba al trigo ahoga, y nace   300
en lugar suyo la infelice avena:
la tierra, que de buena
gana nos producía
flores con que solía
quitar en solo vellas mil enojos,   305
produce agora, en cambio, estos abrojos,

ya de rigor de espinas intratable.
Yo hago con mis ojos
crecer, lloviendo, el fruto miserable.

    Como al partir del sol la sombra crece,   310
y en cayendo su rayo, se levanta
la negra escuridad que el mundo cubre,
de do viene el temor que nos espanta
y la medrosa forma en que se ofrece
aquella que la noche nos encubre   315
hasta que el sol descubre
su luz pura y hermosa:
tal es la tenebrosa
noche de tu partir en que he quedado
de sombra y de temor atormentado,   320
hasta que muerte el tiempo determine
que a ver el deseado
sol de tu clara vista me encamine.

    Cual suele el ruiseñor con triste canto
quejarse, entre las hojas escondido,   325
del duro labrador que cautamente
le despojó su caro y dulce nido
de los tiernos hijuelos, entretanto
que del amado ramo estaba ausente,
y aquel dolor que siente,   330
con diferencia [125] tanta,
por la dulce garganta
despide, que a su canto el aire suena,
y la callada noche no refrena
su lamentable oficio y sus querellas,   335

---

[125] *diferencia*: diversa modulación.

trayendo de su pena
el cielo por testigo y las estrellas:
    de esta manera suelto yo la rienda
a mi dolor y ansí me quejo en vano
de la dureza de la muerte airada.   340
Ella en mi corazón metió la mano
y de allí me llevó mi dulce prenda,
que aquel era su nido y su morada.
¡Ay, muerte arrebatada!
Por ti me estoy quejando   345
al cielo y enojando
con importuno llanto al mundo todo.
El desigual dolor no sufre modo; [126]
no me podrán quitar el dolorido
sentir si ya del todo   350
primero no me quitan el sentido.

    Tengo una parte aquí de tus cabellos,
Elisa, envueltos en un blanco paño,
que nunca de mi seno se me apartan;
descójolos, y de un dolor tamaño [127]   355
enternecer me siento, que sobre ellos
nunca mis ojos de llorar se hartan.
Sin que de allí se partan,
con sospiros calientes,
más que la llama ardientes,   360
los enjugo del llanto, y de consuno
casi los paso y cuento uno a uno; [128]

---

[126] *El desigual... modo*: El excesivo dolor rompe la compostura.
[127] *tamaño*: tan grande.
[128] *de consuno casi los paso... a uno*: estando casi juntos, los repaso y
cuento uno a uno.

juntándolos, con un cordón los ato.
Tras esto, el importuno
dolor me deja descansar un rato.   365
　　Mas luego a la memoria se me ofrece
aquella noche tenebrosa, escura,
que siempre aflige esta ánima mezquina
con la memoria de mi desventura:
verte presente agora me parece   370
en aquel duro trance de Lucina, [129]
y aquella voz divina,
con cuyo son y acentos
a los airados vientos
pudieran amansar, que agora es muda,   375
me parece que oigo que a la cruda,
inexorable diosa demandabas
en aquel paso ayuda.
Y tú, rústica diosa, ¿dónde estabas?
　　¿Íbate tanto en perseguir las fieras?   380
¿Íbate tanto en un pastor dormido?
¿Cosa pudo bastar a tal crueza [130]
que, comovida a compasión, oído
a los votos y lágrimas no dieras,
por no ver hecha tierra tal belleza,   385
o no ver la tristeza
en que tu Nemoroso
queda, que su reposo
era seguir tu oficio, persiguiendo
las fieras por los montes y ofreciendo   390

---

[129] *Lucina*: "diosa de los partos". Todo indica que, bajo la Elisa de esta égloga, se oculta la dama portuguesa Isabel Freire, que murió de parto.
[130] *crueza*: crueldad.

a tus sagradas aras los despojos?
¡Y tú, ingrata, riendo
dejas morir mi bien ante mis ojos!

    Divina Elisa, pues agora el cielo
con inmortales pies pisas y mides,   395
y su mudanza ves, estando queda, [131]
¿por qué de mí te olvidas y no pides
que se apresure el tiempo en que este velo
rompa del cuerpo, y verme libre pueda,
y en la tercera rueda, [132]   400
contigo mano a mano,
busquemos otro llano,
busquemos otros montes y otros ríos,
otros valles floridos y sombríos,
donde descanse y siempre pueda verte   405
ante los ojos míos,
sin miedo y sobresalto de perderte?

    Nunca pusieran fin al triste lloro
los pastores, ni fueran acabadas
las canciones que solo el monte oía,   410
si mirando las nubes coloradas, [133]
al tramontar [134] del sol bordadas de oro,
no vieran que era ya pasado el día.
La sombra se veía
venir corriendo apriesa   415

---

[131] *queda*: quieta, parada.
[132] *tercera rueda*: tercera esfera o planeta, el que corresponde a Venus, diosa del amor.
[133] *coloradas*: que tienen color.
[134] *tramontar*: pasar de un lado a otro de los montes.

ya por la falda espesa
del altísimo monte, y recordando [135]
ambos como de sueño, y acabando
el fugitivo sol, de luz escaso,
su ganado llevando,   420
se fueron recogiendo paso a paso.

DIEGO HURTADO DE MENDOZA
(Granada, 1503 - 1575)

35
Canción

Va y viene mi pensamiento
como el mar seguro y manso;
¿cuándo tendrá algún descanso
tan continuo movimiento?

Glosa [136] *de don Diego*

Parte el pensamiento mío   5
cargado de mil dolores,
y vuélveme con mayores
de la parte do le envío.
Aunque de esto en la memoria
se engendra tanto contento,   10
que con tan dulce tormento,
cargado de pena y gloria,

---

[135] *recordando*: despertando.
[136] *glosa*: explicación, comentario, desarrollo de un tema poético.

va y viene mi pensamiento.

   Como el mar muy sosegado
se regala [137] con la calma,   15
así se regala el alma
con tan dichoso cuidado.
Mas allí mudanza alguna
no puede haber, pues descanso
con el mal que me importuna,   20
que no es sujeto a fortuna, [138]
como el mar seguro y manso.

   Si el cielo se muestra airado,
el mar luego se embravece
y mientras más el mar crece,   25
está más firme en su estado.
Ni a mí me cansa el penar
ni yo con el mal me canso;
si algo me podrá cansar
es venir a imaginar   30
cuándo vendrá algún descanso.

   Que, aunque en el más firme amor
mil mudanzas puede haber,
como es de pena a placer
y de descanso a dolor,   35
solo en mí está reservado
en su fijo y firme asiento,
que sin poder ser mudado
está quedo y ultimado
tan continuo movimiento.   40

---

[137] *se regala*: se complace, se deleita.
[138] *no es sujeto a fortuna*: se mantiene siempre igual, no varía.

36

Quien de tantos burdeles ha escapado
y tantas puterías ha corrido,
¡que le traiga a las manos de Cupido
al cabo y a la postre su pecado!

Más querría un incordio [139] en cada lado   5
y en la parte contraria un escupido, [140]
que verme viejo, loco, entretenido
del viento y en el aire enamorado.

Comencé este camino de temprano,
sin estar libre un hora de contienda,   10
mas todo lo recojo ahora en suma.

Rapaz tiñoso, [141] ¡ten queda la mano!;
que te daré de azotes con la venda
y pelarte he las alas pluma a pluma.

---

[139] *incordio*: tumor.

[140] *en la parte... escupido*: quizá signifique "tener enfrente alguien que
me escupa"; pero por *un escupido* podría también entenderse "una persona
afrentada y, por tanto, rencorosa". La *parte contraria* se podría interpretar
como "el trasero" y, en ese caso, *un escupido* sería una pústula que arroje o
escupa sangre o pus.

[141] *rapaz tiñoso*: "niño con tiña", forma despectiva de referirse al dios
Cupido.

GUTIERRE DE CETINA
(Sevilla, h. 1517 - Puebla, A. 1557)

37
[*Madrigal*] [142]

Ojos claros, serenos,
si de un dulce mirar sois alabados,
¿por qué, si me miráis, miráis airados?
Si cuanto más piadosos,
más bellos parecéis a aquel que os mira,   5
no me miréis con ira
por que no parezcáis menos hermosos.
¡Ay, tormentos rabiosos!
Ojos claros, serenos,
ya que así me miráis, miradme al menos.   10

38

Pasan tan presto los alegres días,
volando sin parar apresurados,
y del perdido bien acompañados
llevan tras sí las esperanzas mías.

Mas los que traen las ansias, las porfías,   5
temor, recelos, bascas [143] y cuidados,
estos pasan despacio, tan pesados,
que parece que van por otras vías.

Pues si no muda el sol su movimiento,
si regla cierta en sus caminos guarda,   10
si no se puede errar orden del cielo,

---

[142] *madrigal*: poema breve de tema amoroso.
[143] *basca*: ansia, desazón.

las horas enojosas del tormento
¿por qué tan luengas son? ¿Cómo se tarda?
Y las alegres, ¿quién las lleva en vuelo?

HERNANDO DE ACUÑA
(Valladolid, 1518 - Granada?, 1580)

39
Al rey nuestro señor

Ya se acerca, señor, o es ya llegada
la edad gloriosa en que promete el cielo
una grey[144] y un pastor solo en el suelo,
por suerte a vuestros tiempos reservada.

Ya tan alto principio en tal jornada   5
os muestra el fin de vuestro santo celo,
y anuncia al mundo, para más consuelo,
un monarca, un imperio y una espada.

Ya el orbe de la tierra siente en parte
y espera en todo vuestra monarquía,   10
conquistada por vos en justa guerra.

Que a quien ha dado Cristo su estandarte,
dará el segundo más dichoso día
en que, vencido el mar, venza la tierra.

---

[144] *grey*: rebaño.

FRANCISCO DE TERRAZAS
(Méjico, 1525? - 1600?)

40

¡Ay basas[145] de marfil, vivo edificio
obrado del artífice del cielo;
columnas de alabastro, que en el suelo
nos dais del bien supremo claro indicio.

¡Hermosos capiteles[146] y artificio   5
del arco que aun de mí me pone celo!
¡Altar donde el tirano dios mozuelo[147]
hiciera de sí mismo sacrificio!

¡Ay puerta de la gloria de Cupido,
y guarda de la flor más estimada   10
de cuantas en el mundo son ni han sido!,

sepamos hasta cuándo estáis cerrada
y el cristalino cielo es defendido[148]
a quien jamás gustó fruta vedada.

---

[145] *basa*: apoyo en que se sustenta algo.
[146] *capitel*: parte superior de una columna.
[147] Se refiere a Cupido.
[148] *defendido*: prohibido.

FRAY LUIS DE LEÓN, FERNANDO DE HERRERA Y
OTROS POETAS DE LA SEGUNDA MITAD DEL SIGLO XVI

FRAY LUIS DE LEÓN
(Belmonte de Cuenca, 1527 - Madrigal de las Altas Torres, 1591)

41
Vida retirada

¡Qué descansada vida
la del que huye el mundanal ruido,
y sigue la escondida
senda por donde han ido
los pocos sabios que en el mundo han sido!   5
　　Que no le enturbia el pecho
de los soberbios grandes el estado,
ni del dorado techo
se admira, fabricado
del sabio moro, [149] en jaspes sustentado.   10
　　No cura [150] si la fama
canta con voz su nombre pregonera;

---

[149] Los mudéjares eran maestros consumados en el arte de la decoración de techos.

[150] *no cura*: no se preocupa.

ni cura si encarama [151]
la lengua lisonjera
lo que condena la verdad sincera.   15
   ¿Qué presta a mi contento,
si soy del vano dedo señalado,
si en busca de este viento
ando desalentado
con ansias vivas, con mortal cuidado?   20
   ¡Oh campo! ¡Oh fuente! ¡Oh río!
¡Oh secreto seguro, deleitoso!
Roto casi el navío,
a vuestro almo [152] reposo
huyo de aqueste mar tempestuoso.   25
   Un no rompido sueño,
un día puro, alegre, libre quiero;
no quiero ver el ceño
vanamente severo
del que la sangre sube o el dinero.   30
   Despiértenme las aves
con su cantar suave, no aprendido;
no los cuidados graves
de que es siempre seguido
quien al ajeno arbitrio [153] está atenido.   35
   Vivir quiero conmigo,
gozar quiero del bien que debo al cielo,
a solas, sin testigo,
libre de amor, de celo,
de odio, de esperanzas, de recelo.   40

---

[151] *encarama*: sube a la parte más alta.
[152] *almo*: que alimenta, que restaura la fuerza perdida.
[153] *arbitrio*: voluntad, capricho.

Del monte en la ladera,
por mi mano plantado tengo un huerto,
que con la primavera,
de bella flor cubierto,
ya muestra en esperanza el fruto cierto.   45
    Y como codiciosa
por ver y acrecentar su hermosura,
desde la cumbre airosa
una fontana pura
hasta llegar corriendo se apresura;   50
    y, luego sosegada,
el paso entre los árboles torciendo,
el suelo, de pasada,
de verdura vistiendo
y con diversas flores va esparciendo.   55
    El aire el huerto orea[154]
y ofrece mil olores al sentido;
los árboles menea
con un manso ruido,
que del oro y del cetro pone olvido.   60
    Ténganse su tesoro
los que de un flaco leño se confían;
no es mío ver el lloro
de los que desconfían,
cuando el cierzo y el ábrego porfían.[155]   65
    La combatida antena[156]

---

[154] *orea*: da el viento en una cosa refrescándola o secándola.

[155] El cierzo y el ábrego son dos vientos de naturaleza contraria. El primero viene del norte y es frío; el segundo, del sur, es cálido.

[156] *antena*: vara o palo del que está asegurada la vela de una embarcación.

cruje, y en ciega noche el claro día
se torna; al cielo suena
confusa vocería,
y la mar enriquecen a porfía.   70
   A mí una pobrecilla
mesa, de amable paz bien abastada,
me baste; y la vajilla,
de fino oro labrada,
sea de quien la mar no teme airada.   75
   Y mientras miserable-
mente [157] se están los otros abrasando
con sed insaciable
del no durable mando,
tendido yo a la sombra esté cantando.   80
   A la sombra tendido,
de hiedra y lauro [158] eterno coronado,
puesto el atento oído
al son dulce, acordado, [159]
del plectro [160] sabiamente meneado.   85

---

[157] Esta licencia métrica, que consiste en dividir una palabra entre dos versos, se llama *tmesis*; es poco usada.

[158] *lauro*: laurel, arbusto con que en el mundo antiguo se hacían coronas para los héroes y los poetas.

[159] *acordado*: armonioso.

[160] *plectro*: "púa para tocar los instrumentos de cuerda"; por extensión, significa también "inspiración poética".

42

A Francisco Salinas[161]

El aire se serena
y viste de hermosura y luz no usada,
Salinas, cuando suena
la música extremada,
por vuestra sabia mano gobernada.   5

A cuyo son divino
el alma, que en olvido está sumida,
torna a cobrar el tino
y memoria perdida,
de su origen primera esclarecida. [162]   10

Y como se conoce,
en suerte [163] y pensamientos se mejora;
el oro desconoce
que el vulgo vil adora,
la belleza caduca, engañadora.   15

Traspasa el aire todo
hasta llegar a la más alta esfera,
y oye allí otro modo
de no perecedera
música, que es de todas la primera.   20

Ve cómo el gran maestro,
a aquesta inmensa cítara aplicado,
con movimiento diestro

---

[161] Francisco Salinas, célebre músico y catedrático de Salamanca, era amigo de fray Luis.

[162] *Origen* es palabra femenina en el Siglo de Oro; de ahí el género de los adjetivos que la acompañan.

[163] *suerte:* condición.

produce el son sagrado
con que este eterno templo es sustentado.　　25

　　Y como está compuesta
de números concordes, luego envía
consonante respuesta;
y entrambas a porfía
mezclan una dulcísima armonía. [164]　　30

　　Aquí el alma navega
por un mar de dulzura y, finalmente,
en él ansí se anega,
que ningún accidente
extraño y peregrino oye o siente.　　35

　　¡Oh, desmayo dichoso!
¡Oh, muerte que das vida! ¡Oh, dulce olvido!
¡Durase en tu reposo
sin ser restituido
jamás a aqueste bajo y vil sentido!　　40

　　A aqueste bien os llamo,
gloria del apolíneo sacro coro, [165]
amigos a quien amo
sobre todo tesoro;
que todo lo demás es triste lloro.　　45

　　¡Oh!, suene de contino, [166]
Salinas, vuestro son en mis oídos,

---

[164] Esta estrofa está dedicada a la teoría de la *musica mundana* o armonía del mundo, según la cual entre los astros y todos los seres de la creación existe una correspondencia, de la misma forma que en un instrumento musical bien afinado la vibración de una cuerda provoca la vibración por simpatía de otras.

[165] *el apolíneo sacro coro*: "los profesores de la universidad de Salamanca". Apolo, encarnación del sol, es el dios de las artes y las ciencias.

[166] *de contino*: continuamente.

por quien al bien divino
despiertan los sentidos,
quedando a lo demás amortecidos.   50

43

Al licenciado Juan de Grial[167]

Recoge ya en el seno
el campo su hermosura; el cielo aoja[168]
con luz triste el ameno
verdor, y hoja a hoja
las cimas de los árboles despoja.   5
  Ya Febo[169] inclina el paso
al resplandor egeo,[170] ya del día
las horas corta escaso;
ya Eolo[171], al mediodía
soplando, espesas nubes nos envía.   10
  Ya el ave vengadora
del Íbico[172] navega los nublados,
y con voz ronca llora;
y, el cuello al yugo atados,
los bueyes van rompiendo los sembrados.   15

---

[167] Juan de Grial, insigne humanista y canónigo de Calahorra, era también amigo de fray Luis.

[168] *aoja*: "mustia (provoca mal de ojo)"; el cielo otoñal da al campo un aspecto triste.

[169] *Febo*: Apolo.

[170] Se refiere a la constelación de Capricornio, a la que se acerca el sol en el mes de noviembre.

[171] *Eolo*: dios del viento.

[172] Alude a la grulla. Una bandada de estas aves fue testigo de la muerte del poeta griego Íbico y, gracias a eso, se logró descubrir a sus asesinos y vengar su muerte.

El tiempo nos convida
a los estudios nobles; y la fama,
Grial, a la subida
del sacro monte [173] llama,
do no podrá subir la postrer llama. [174]　　　　　20
　　Alarga el bien guiado
paso, y la cuesta vence, y, solo, gana
la cumbre del collado;
y do más pura mana
la fuente, satisfaz tu ardiente gana.　　　　　25
　　No cures si el perdido
error admira el oro, y va sediento
por un nombre fingido;
que no ansí vuela el viento,
cuanto es fugaz y vano aquel contento.　　　　　30
　　Escribe lo que Febo
te dicta favorable, que lo antigo [175]
iguala, y vence el nuevo
estilo; y, caro amigo,
no esperes que podré atener [176] contigo;　　　　　35
　　que yo, de un torbellino
traidor acometido, [177] y derrocado
del medio del camino
al hondo, el plectro amado
y del vuelo las alas he quebrado.　　　　　40

---

[173] *el sacro monte*: el Parnaso, morada de las musas y los poetas célebres.
[174] *la postrer llama*: la inspiración de menos aliento.
[175] *antigo*: antiguo, clásico.
[176] *atener*: competir.
[177] Quizá fray Luis se refiere al proceso inquisitorial que lo llevó a la cárcel.

44
Noche serena. A D[iego] Oloarte[178]

Cuando contemplo el cielo,
de innumerables luces adornado,
y miro hacia el suelo
de noche rodeado,
en sueño y en olvido sepultado,   5
    el amor y la pena
despiertan en mi pecho un ansia ardiente;
despide[n] larga vena
los ojos hechos fuente,
Oloarte, y digo al fin con voz doliente: 10
    —Morada de grandeza,
templo de claridad y hermosura,
el alma, que a tu alteza
nació, ¿qué desventura
la tiene en esta cárcel baja, escura?   15
    ¿Qué mortal desatino
de la verdad aleja así el sentido,
que, de tu bien divino
olvidado, perdido
sigue la vana sombra, el bien fingido?   20
    El hombre está entregado
al sueño, de su suerte no cuidando,
y con paso callado,
el cielo, vueltas dando,
las horas del vivir le va hurtando.   25
    ¡Oh, despertad, mortales!

---

[178] *Diego Oloarte*: amigo y, posiblemente, discípulo de fray Luis, fue
arcediano de Ledesma (Salamanca).

¡Mirad con atención en vuestro daño!
Las almas inmortales,
hechas a bien tamaño,
¿podrán vivir de sombras y de engaño?   30
　　¡Ay, levantad los ojos
a aquesta celestial eterna esfera!
Burlaréis los antojos
de aquesa lisonjera
vida, con cuanto teme y cuanto espera.   35
　　¿Es más que un breve punto
el bajo y torpe suelo, comparado
con ese gran trasunto, [179]
do vive mejorado
lo que es, lo que será, lo que ha pasado?   40
　　Quien mira el gran concierto
de aquestos resplandores eternales,
su movimiento cierto,
sus pasos desiguales [180]
y en proporción concorde tan iguales; [181]   45
　　la luna cómo mueve
la plateada rueda, [182] y va en pos de ella
la luz do el saber llueve, [183]

---

[179] *trasunto*: "copia o traslado"; pero aquí, en realidad, se refiere a las ideas originales, de las que, según las doctrinas platónicas, son copia las realidades que vemos en este mundo.

[180] *pasos desiguales*: los giros de los planetas, que no tienen las mismas dimensiones ni duración.

[181] *en proporción concorde…*: nueva alusión a la *musica mundana* o armonía del universo.

[182] *la plateada rueda*: alusión al carro en que los antiguos imaginaban que se desplazaba la luna

[183] *la luz do el saber llueve*: el planeta Mercurio, de donde procede la sabiduría.

y la graciosa estrella
de amor [184] la sigue reluciente y bella;   50
    y cómo otro camino
prosigue el sanguinoso Marte airado,
y el Júpiter benino, [185]
de bienes mil cercado,
serena el cielo con su rayo amado;   55
    rodéase en la cumbre
Saturno, padre de los siglos de oro; [186]
tras él la muchedumbre
del reluciente coro [187]
su luz va repartiendo y su tesoro: 60
    ¿quién es el que esto mira
y precia la bajeza de la tierra,
y no gime y suspira,
y rompe lo que encierra
el alma, y de estos bienes la destierra?   65
    Aquí vive el contento,
aquí reina la paz; aquí, asentado
en rico y alto asiento,
está el amor sagrado,
de glorias y deleites rodeado.   70
    Inmensa hermosura
aquí se muestra toda, y resplandece

---

[184] *la graciosa estrella de amor*: el planeta Venus.

[185] Los planetas Marte y Júpiter y los dioses a ellos asociados son el símbolo de la guerra y la benignidad, respectivamente.

[186] *Saturno, padre...*: el planeta Saturno se asocia con una etapa anterior a la actual civilización, en la que los hombres gozaban de una completa felicidad.

[187] *el reluciente coro*: las estrellas.

clarísima luz pura,
que jamás anochece;
eterna primavera aquí florece.   75
    ¡Oh, campos verdaderos! [188]
¡Oh, prados, con verdad frescos y amenos!
¡Riquísimos mineros! [189]
¡Oh, deleitosos senos!
¡Repuestos valles, de mil bienes llenos!   80

45
[*A la salida de la cárcel*] [190]

    Aquí la envidia y mentira
me tuvieron encerrado.
Dichoso el humilde estado
del sabio que se retira
de aqueste mundo malvado,   5
y con pobre mesa y casa
en el campo deleitoso
con solo Dios se compasa,
y a solas su vida pasa,
ni envidiado ni envidioso.   10

---

[188] *campos verdaderos*: para los platónicos, "el lugar en el que se encontraban las ideas o verdades originales de cada ser". Las realidades de nuestro mundo son meras copias.

[189] *mineros*: minas, vetas de metal.

[190] Estas quintillas las escribió el poeta poco después de salir de la cárcel de la Inquisición (11 de noviembre de 1576).

46

Agora con la aurora se levanta
mi Luz; agora coge en rico nudo
el hermoso cabello; agora el crudo
pecho ciñe con oro, y la garganta.

Agora, vuelta al cielo, pura y santa,   15
las manos y ojos bellos alza; y pudo
dolerse agora de mi mal agudo;
agora incomparable tañe y canta.

Ansí digo, y del dulce error llevado,
presente ante mis ojos la imagino,   20
y lleno de humildad y amor la adoro.

Mas luego vuelve en sí el engañado
ánimo y, conociendo el desatino,
la rienda suelta largamente al lloro.

FERNANDO DE HERRERA
(Sevilla, 1537 - 1597)

47

Callo la gloria que siento
en mi dulce perdición,
por no perder el contento
que tengo de mi pasión.

Y más hago en encubrir   5
por la honra de mi pena,
que no me duele sufrir
el mal que el Amor ordena.

¿Quién publica mi tormento?
¿Será tal mi presunción,   10
que perderé el sentimiento

que tengo de mi pasión? [191]

Y estimo tanto la gloria
de mis penas recebida,
que tengo en más su memoria   15
que el descanso de mi vida.

Por no perder el contento
de mi grande perdición,
no gozo de mi tormento
publicando mi pasión.   20

48
Elegía III

No bañes en el mar sagrado y cano,
callada noche, tu corona oscura,
antes de oír este amador ufano.

Y tú alza de la húmida hondura
las verdes hebras de la bella frente,   5
de Náyades [192] lozana hermosura.

Aquí do el grande Betis ve presente
la armada vencedora que el Egeo
manchó con sangre de la turca gente, [193]

quiero decir la gloria en que me veo;   10
pero no cause envidia este bien mío
a quien aún no merece mi deseo.

Sosiega el curso tú, profundo río;

---

[191] Esta alambicada estrofa parece significar lo siguiente: "¿El alardear (la presunción) del sufrimiento que me produce el amor me causará un placer tan grande, que perderé el sentimiento de dolor de mi pasión?"

[192] *Náyades*: diosas mitológicas de los ríos y mares, ninfas.

[193] Alusión al regreso a Sevilla de una parte de la armada que en octubre de 1571 derrotó en Lepanto a los turcos.

oye mi gloria, pues también oíste
mis quejas en tu duro asiento frío.   15

Tú amaste y, como yo, también supiste
del mal dolerte y celebrar la gloria
de los pequeños bienes que tuviste.

Breve será la venturosa historia
de mi favor, que breve es la alegría   20
que tiene algún lugar en mi memoria.

Cuando del claro cielo se desvía
del sol ardiente el alto carro apena,
y casi igual espacio muestra el día, [194]

con blanda voz, que entre las perlas suena,   25
teñido el rostro de color de rosa,
de honesto miedo y de amor tierno llena,

me dijo así la bella desdeñosa
que un tiempo me negaba la esperanza,
sorda a mi llanto y ansia congojosa: 30

"Si por firmeza y dulce amar se alcanza
premio de Amor, yo tener bien debo
de los males que sufro más holganza.

Mil veces, por no ser ingrata, pruebo
vencer tu amor, pero al fin no puedo,   35
que es mi pecho a sentillo rudo y nuevo.

Si en sufrir más me vences, yo te ecedo
en pura fe y afetos de terneza;
vive de hoy más ya confiado y ledo." [195]

No sé si oí, si fui de su belleza   40

---

[194] Se refiere al mediodía, cuando, aparentemente, el sol está más distante de la tierra.

[195] *ledo*: alegre.

arrebatado, si perdí el sentido;
sé que allí se perdió mi fortaleza.

Turbado, dije al fin: "Por no haber sido
este tan grande bien de mí esperado,
pienso que debe ser, si es bien, fingido.   45

Señora, bien sabéis que mi cuidado
todo se ocupa en vos; que yo no siento
ni pienso sino en verme más penado.

Mayor es que el humano mi tormento,
y al mayor mal igual esfuerzo tengo,   50
igual con el trabajo el sentimiento.

Las penas que por sola vos sostengo,
me dan valor, y mi firmeza crece
cuanto más en mis males me entretengo.

No quiero concederos que merece   55
mi afán tal bien que vos sintáis el daño;
más ama quien más sufre y más padece.

No es mi pecho tan rudo o tan extraño,
que no conosca en el dolor primero
si, en esto que dijistes, cabe engaño.   60

Un corazón de impenetrable acero
tengo para sufrir, y está más fuerte,
cuanto más el asalto es bravo y fiero.

Diome el cielo en destino aquesta suerte,
y yo la procuré y hallé el camino   65
para poder honrarme con mi muerte."

Lo demás que entre nós [196] pasó, no es dino,
noche, de oír el austro presuroso,

---

[196] *nós*: "nosotros", latinismo.

ni el viento de tus lechos más vecino. [197]

Mete en el ancho piélago espumoso   70
tus negras trenzas y húmido semblante,
que en tanto que tú yaces en reposo,
podrá Amor darme gloria semejante.

49

"Presa soy de vos solo y por vos muero
—mi bella Luz me dijo dulcemente—,
y en este dulce error y bien presente
por vuestra causa sufro el dolor fiero.

Regalo [198] y amor mío, a quien más quiero: 5
si muriéramos ambos juntamente,
poco dolor tuviera, pues ausente
no estaría de vos, como ya espero."

Yo, que tan tierno engaño oí, cuitado,
abrí todas las puertas al deseo
por no quedar ingrato al amor mío.   10

Ahora entiendo el mal, y que engañado
fui de mi Luz, y tarde el daño veo,
sujeto a voluntad de su albedrío.

50

De estas doradas hebras fue tejida
la red en que fui preso y enlazado;
fue blanda y dulce en mi primer estado,
luego en dura y amarga convertida.

---

[197] *ni el viento de tus lechos más vecino*: podría aludir al viento de poniente, donde duerme la noche cuando el sol amanece por levante.

[198] *regalo*: que causa deleite.

Por la ocasión antigua [199] fue sufrida   5
la pena en que aborresco lastimado,
y en tal tormento adora mi cuidado
la causa de mi muerte y de mi vida.

Y de estos ojos fue herido el pecho
con hierro y fuego, y cada día crece   10
con el golpe mortal el amor mío.

Crece mi ardor y crece vuestro frío,
la red me aprieta, el ánimo fallece,
y está dudoso Amor en mi provecho.

51

Osé y temí; mas pudo la osadía
tanto, que desprecié el temor cobarde.
Subí a do el fuego más me enciende y arde
cuanto más la esperanza se desvía.

Gasté en error la edad florida mía;   5
ahora veo el daño, pero tarde,
que ya mal puede ser que el seso [200] guarde
a quien se entrega ciego a su porfía.

Tal vez pruebo (mas ¿qué me vale?) alzarme
del grave peso que mi cuello oprime;   10
aunque falta a la poca fuerza el hecho. [201]

Sigo al fin mi furor; [202] porque mudarme
no es honra ya, ni justo que se estime
tan mal de quien tan bien rindió su pecho.

---

[199] *Por la ocasión antigua*: Por el primer estado de dulzura y bienestar.
[200] *seso*: razón, entendimiento.
[201] *el hecho*: la ejecución.
[202] *furor*: impulso desordenado, locura.

52
Canción

    Voz de dolor y canto de gemido
y espíritu de miedo, envuelto en ira,
hagan principio acerbo a la memoria
de aquel día fatal aborrecido
que Lusitania mísera suspira,[203]   5
desnuda de valor, falta de gloria;
y la llorosa historia
asombre con horror funesto y triste
dende el áfrico Atlante y seno ardiente
hasta do el mar de otro color se viste,[204]   10
y do el límite rojo de Oriente,
y todas sus vencidas gentes fieras
ven tremolar de Cristo las banderas.

    ¡Ay de los que pasaron, confiados
en sus caballos y en la muchedumbre   15
de sus carros, en ti, Libia desierta,
y en su vigor y fuerzas engañados,
no alzaron su esperanza a aquella cumbre
de eterna luz; mas con soberbia cierta
se ofrecieron la incierta   20
vitoria; y sin volver a Dios sus ojos,
con yerto cuello y corazón ufano
solo atendieron siempre a los despojos![205]

---

[203] Se refiere al 4 de agosto de 1578, fecha en que murió el rey don Sebastián de Portugal en la batalla de Alcazarquivir.

[204] *dende... de otro color se viste*: desde el Atlas al mar Rojo.

[205] Los portugueses, engañosamente confiados en su poderío militar y atentos solo a las ganancias que pensaban obtener, entraron en África sin encomendarse a Dios.

Y el santo de Israel abrió su mano,
y los dejó, y cayó en despeñadero   25
el carro y el caballo y caballero.

Vino el día cruel, el día lleno
de indinación, de ira y furor, que puso
en soledad y en un profundo llanto
de gente, y de placer el reino ajeno.   30
El cielo no alumbró, quedó confuso
el nuevo sol, presago [206] de mal tanto;
y con terrible espanto
el Señor visitó sobre sus males, [207]
para humillar los fuertes arrogantes,   35
y levantó los bárbaros no iguales,
que con osados pechos y constantes
no busquen oro, mas con crudo hierro
venguen la ofensa y cometido yerro. [208]

Los impíos y robustos, indinados,   40
las ardientes espadas desnudaron
sobre la claridad y hermosura
de tu gloria y valor, y no cansados
en tu muerte, tu honor todo afearon,
mesquina Lusitania sin ventura;   45
y con frente segura
rompieron sin temor con fiero estrago
tus armadas escuadras y braveza.
La arena se tornó sangriento lago,
la llanura con muertos, aspereza; [209]   50

---

[206] *presago*: que anuncia o presagia algo.

[207] *visitó sobre sus males*: examinó sus males.

[208] Dios se valió de los bárbaros (los enemigos) para castigar los errores y la impiedad de los soberbios portugueses.

[209] *aspereza*: territorio áspero, escabroso.

cayó en unos vigor, cayó denuedo,
mas en otros, desmayo y torpe miedo.

¿Son estos, por ventura, los famosos,
los fuertes y belígeros varones
que conturbaron [210] con furor la tierra,   55
que sacudieron reinos poderosos,
que domaron las hórridas naciones,
que pusieron desierto [211] en cruda guerra
cuanto enfrena y encierra
el mar Indo, y feroces destruyeron   60
grandes ciudades? ¿Dó la valentía?
¿Cómo así se acabaron y perdieron
tanto heroico valor en solo un día;
y lejos de su patria derribados,
no fueron justamente sepultados?   65

Tales fueron aquestos cual hermoso
cedro del alto Líbano, vestido
de ramos, hojas con ecelsa [212] alteza;
las aguas lo criaron poderoso,
sobre empinados árboles subido,   70
y se multiplicaron en grandeza
sus ramos con belleza;
y, extendiendo su sombra, se anidaron
las aves que sustenta el grande cielo,
y en sus hojas las fieras engendraron,   75
y hizo a mucha gente umbroso velo:
no igualó en celsitud y hermosura
jamás árbol alguno su figura.

---

[210] *conturbaron*: inquietaron, alteraron.
[211] *pusieron desierto*: asolaron.
[212] *ecelsa*: excelsa, eminente.

Pero elevose con su verde cima,
y sublimó la presunción su pecho,   80
desvanecido todo y confiado,
haciendo de su alteza solo estima.
Por eso Dios lo derribó deshecho,
a los impíos y ajenos entregado,
por la raíz cortado;   85
que, opreso de los montes arrojados, [213]
sin ramos y sin hojas y desnudo,
huyeron de él los hombres espantados,
que su sombra tuvieron por escudo;
en su ruina y ramos cuantas fueron   90
las aves y las fieras se pusieron.

Tú, infanda [214] Libia, en cuya seca arena
murió el vencido reino lusitano,
y se acabó su generosa gloria,
no estés alegre y de ufanía llena,   95
porque tu temerosa y flaca mano
hubo sin esperanza tal vitoria,
indina de memoria;
que si el justo dolor mueve a venganza
alguna vez el español coraje,   100
despedazada con aguda lanza
compensarás muriendo el hecho ultraje;
y Luco, [215] amedrentado, al mar inmenso
pagará de africana sangre el censo. [216]

---

[213] *arrojados*: abruptos, escarpados.
[214] *infanda*: indigna de ser nombrada.
[215] *Luco*: río del norte de África.
[216] *censo*: tributo.

BALTASAR DE ALCÁZAR
(Sevilla, 1510 - 1606)

53

Tres cosas me tienen preso
de amores el corazón:
la bella Inés, el jamón
y berenjenas con queso.

Esta Inés, amantes, es   5
quien tuvo en mí tal poder,
que me hizo aborrecer
todo lo que no era Inés.

Trájome un año sin seso,
hasta que en una ocasión   10
me dio a merendar jamón
y berenjenas con queso.

Fue de Inés la primer palma,
pero ya júzgase mal
entre todos ellos cuál   15
tiene más parte en mi alma.

En gusto, medida y peso
no le hallo distinción;
ya quiero Inés, ya jamón,
ya berenjenas con queso.   20

Alega Inés su beldad;
el jamón, que es de Aracena;
el queso y la berenjena,
la española antigüedad.

Y está tan en fiel [217] el peso,   25

---

[217] *en fiel*: equilibrado, en el fiel de la balanza.

que, juzgado sin pasión,
todo es uno: Inés, jamón
y berenjenas con queso.

    A lo menos este trato
de estos mis nuevos amores   30
hará que Inés sus favores
me los venda más barato,
    pues tendrá por contrapeso,
si no hiciere la razón, [218]
una lonja de jamón   35
y berenjenas con queso.

54
Cena jocosa

En Jaén, donde resido,
vive don Lope de Sosa,
y direte, Inés, la cosa
más brava [219] de él que has oído.

    Tenía este caballero   5
un criado portugués...
Pero cenemos, Inés,
si te parece, primero.

    La mesa tenemos puesta;
lo que se ha de cenar, junto;   10
las tazas y el vino, a punto;
falta comenzar la fiesta.

    Rebana pan. Bueno está.
La ensaladilla es del cielo;

---

[218] *si no hiciere la razón*: si no se mostrase razonable.
[219] *brava*: magnífica, extraordinaria.

y el salpicón, [220] con su ajuelo,   15
¿no miras qué tufo da?
   Comienza el vinillo nuevo
y échale la bendición:
yo tengo por devoción
de santiguar lo que bebo.   20
   Franco fue, Inés, ese toque;
pero arrójame la bota;
vale un florín [221] cada gota
de este vinillo aloque. [222]
   ¿De qué taberna se trajo?   25
Mas ya: de la del cantillo; [223]
diez y seis vale el cuartillo,
no tiene vino más bajo.
   Por Nuestro Señor, que es mina
la taberna de Alcocer: 30
grande consuelo es tener
la taberna por vecina.
   Si es o no invención moderna,
vive Dios, que no lo sé;
pero delicada fue   35
la invención de la taberna.
   Porque allí llego sediento,
pido vino de lo nuevo,
mídenlo, dánmelo, bebo,
págolo y voyme contento.   40

---

[220] *salpicón:* guiso de carne, pescado o marisco desmenuzado, con pimienta, sal, aceite, vinagre y cebolla.
[221] *florín:* moneda antigua que equivalía a un escudo o diez reales.
[222] *aloque:* mezcla de tinto y blanco.
[223] *cantillo:* esquina de un edificio.

Esto, Inés, ello se alaba;
no es menester alaballo;
sola una falta le hallo:
que con la priesa se acaba.

La ensalada y salpicón   45
hizo fin; ¿qué viene ahora?
La morcilla. ¡Oh, gran señora,
digna de veneración!

¡Qué oronda viene y qué bella!
¡Qué través y enjundias²²⁴ tiene!   50
Paréceme, Inés, que viene
para que demos en ella.

Pues, ¡sus!, encójase y entre,
que es algo estrecho el camino.
No eches agua, Inés, al vino,   55
no se escandalice el vientre.

Echa de lo trasañejo²²⁵
por que con más gusto comas:
Dios te salve, que así tomas,
como sabia, mi consejo.   60

Mas di: ¿no adoras y precias
la morcilla ilustre y rica?
¡Cómo la traidora pica!
Tal debe tener especias.

¡Qué llena está de piñones!   65
Morcilla de cortesanos,
y asada por esas manos
hechas a cebar lechones.

---

²²⁴ *través y enjundias:* longitud y grosor.
²²⁵ *lo trasañejo:* lo más viejo.

¡Vive Dios, que se podía
poner al lado del rey   70
puerco, Inés, a toda ley,
que hinche tripa vacía! [226]

   El corazón me revienta
de placer. No sé de ti
cómo te va. Yo, por mí,   75
sospecho que estás contenta.

   Alegre estoy, vive Dios.
Mas oye un punto sutil:
¿No pusiste allí un candil?
¿Cómo remanecen [227] dos?   80

   Pero son preguntas viles;
ya sé lo que puede ser:
con este negro beber
se acrecientan los candiles.

   Probemos lo del pichel. [228]   85
¡Alto licor celestial!
No es el aloquillo tal,
ni tiene que ver con él.

   ¡Qué suavidad! ¡Qué clareza!
¡Qué rancio gusto y olor!   90
¡Qué paladar! ¡Qué color,
todo con tanta fineza!

   Mas el queso sale a plaza,

---

[226] Quiere decir que el puerco es tan valioso, que se le debería respetar tanto como al rey.

[227] *remanecen:* aparecen.

[228] *pichel:* vaso alto y redondo, generalmente de estaño, algo más ancho del suelo que de la boca y con tapa encajada en el remate del asa.

la moradilla[229] va entrando,
y ambos vienen preguntando   95
por el pichel y la taza.

   Prueba el queso, que es extremo:
el de Pinto no le iguala;
pues la aceituna no es mala;
bien puede bogar su remo.[230]   100

   Pues haz, Inés, lo que sueles:
daca[231] de la bota llena
seis tragos. Hecha es la cena;
levántense los manteles.

   Ya que, Inés, hemos cenado   105
tan bien y con tanto gusto,
parece que será justo
volver al cuento pasado.

   Pues sabrás, Inés hermana,
que el portugués cayó enfermo...   110
Las once dan; yo me duermo;
quédese para mañana.

FRANCISCO DE FIGUEROA
(Alcalá de Henares, 1536? - 1617?)

55

Partiendo de la luz, donde solía
venir su luz, mis ojos han cegado;
perdió también el corazón cuitado

---

[229] *moradilla*: una variedad de aceituna.
[230] *bien puede bogar su remo*: se puede defender, es de buena calidad.
[231] *daca*: contracción de *da acá*.

el precioso manjar de que vivía.

    El alma desechó la compañía   5
del cuerpo, y fuese tras el rostro amado;
así en mi triste ausencia he siempre estado
ciego y con hambre y sin el alma mía.

    Agora que al lugar, que el pensamiento
nunca dejó, mis pasos presurosos   10
después de mil trabajos me han traído,

    cobraron luz mis ojos tenebrosos
y su pastura[232] el corazón hambriento;
pero no tornará el alma a su nido.

FRANCISCO DE LA TORRE
(? - ?)

56

    ¡Cuántas veces te me has engalanado,
clara y amiga noche! ¡Cuántas, llena
de escuridad y espanto, la serena
mansedumbre del cielo me has turbado!

    Estrellas hay que saben mi cuidado   5
y que se han regalado[233] con mi pena;
que, entre tanta beldad, la más ajena
de amor tiene su pecho enamorado.

    Ellas saben amar, y saben ellas
que he contado su mal llorando el mío,   10
envuelto en las dobleces de tu manto.

    Tú, con mil ojos, noche, mis querellas

---

[232] *pastura:* pasto, alimento.
[233] *regalado:* deleitado, alegrado.

oye y esconde, pues mi amargo llanto
es fruto inútil que al amor envío.

FRANCISCO DE ALDANA
(Nápoles?, 1537 - Alcazarquivir, 1578)

57

De sus hermosos ojos, dulcemente,
un tierno llanto Filis despedía
que, por el rostro amado, parecía
claro y precioso aljófar[234] trasparente;
    en brazos de Damón, con baja frente,   5
triste, rendida, muerta, helada y fría,
estas palabras breves le decía,
creciendo a su llorar nueva corriente:
    "¡Oh pecho duro, oh alma dura y llena
de mil durezas! ¿Dónde vas huyendo?,   10
¿do vas con ala tan ligera y presta?"
    Y él, soltando de llanto amarga vena,
de ella las dulces lágrimas bebiendo,
besola, y solo un ¡ay! fue su respuesta.

58

    "¿Cuál es la causa, mi Damón, que estando
en la lucha de amor juntos, trabados
con lenguas, brazos, pies y encadenados
cual vid que entre el jazmín se va enredando,
    y que el vital aliento ambos tomando   5
en nuestros labios, de chupar cansados,

---

[234] *aljófar*: perla irregular, de tamaño pequeño.

en medio a tanto bien somos forzados
llorar y sospirar de cuando en cuando?"

"Amor, mi Filis bella, que allá dentro
nuestras almas juntó, quiere en su fragua   10
los cuerpos ajuntar también, tan fuerte

que, no pudiendo, como esponja el agua
pasar del alma al dulce amado centro,[235]
llora el velo mortal su avara suerte."

59
Reconocimiento de la vanidad del mundo

En fin, en fin, tras tanto andar muriendo,
tras tanto variar vida y destino,
tras tanto, de uno en otro desatino,
pensar todo apretar, nada cogiendo,

tras tanto acá y allá yendo y viniendo,   5
cual sin aliento inútil peregrino,
¡oh Dios!, tras tanto error del buen camino,
yo mismo de mi mal ministro[236] siendo,

hallo, en fin, que ser muerto en la memoria
del mundo es lo mejor que en él se asconde,[237]   10
pues es la paga de él muerte y olvido,

y en un rincón vivir con la vitoria
de sí, puesto el querer tan solo adonde
es premio el mismo Dios de lo servido.

---

[235] La física antigua sostenía que en el universo existían unos lugares a los que tienden los diversos seres, según su naturaleza. Así, el centro del fuego es el sol y, por ese motivo, las llamas se elevan hacia él. El de los cuerpos es la tierra y, por eso, caen. El centro del amante es la persona amada.

[236] *ministro*: ejecutor.

[237] *asconde*: "esconde", vacilación habitual en el Siglo de Oro.

60

Pocos tercetos escritos a un amigo

Mientras estáis allá con tierno celo,
de oro, de seda y púrpura cubriendo
el de vuestra alma vil terrestre velo,

sayo de hierro acá yo estoy vistiendo,
cota de acero, arnés, yelmo luciente,   5
que un claro espejo al sol voy pareciendo.

Mientras andáis allá lascivamente,
con flores de azahar, con agua clara,
los pulsos refrescando, ojos y frente,

yo de honroso sudor cubro mi cara,   10
y de sangre enemiga el brazo tiño
cuando con más furor muerte dispara.

Mientras que a cada cual, con su desiño, [238]
urdiendo andáis allá mil trampantojos, [239]
manchada el alma más que piel de armiño, [240] 15

yo voy acá y allá puestos los ojos
en muerte dar al que tener se gloria
del ibero valor ricos despojos.

Mientras andáis allá con la memoria
llena de las blanduras de Cupido,   20
publicando de vos llorosa historia,

yo voy acá de furia combatido,
de aspereza y desdén, lleno de gana

---

[238] *desiño*: designio, propósito, objetivo.
[239] *trampantojo:* engaño.
[240] La piel del armiño es muy blanca y se mancha con facilidad.

que Ludovico [241] al fin quede vencido.

    Mientras, cual nuevo sol por la mañana,   25
todo compuesto, andáis ventaneando
en haca, [242] sin parar, lucia [243] y galana,
    yo voy sobre un jinete [244] acá saltando
el andén, el barranco, el foso, el lodo,
al cercano enemigo amenazando.   30
    Mientras andáis allá metido todo
en conocer la dama, o linda o fea,
buscando introducción por diestro modo,
    yo reconozco el sitio y la trinchea [245]
de este profano a Dios, vil enemigo,   35
sin que la muerte al ojo estorbo sea [...].

[241] *Ludovico*: Luis Nassau, noble holandés, hermano de Guillermo de Orange, que luchó contra los españoles, los venció en mayo de 1568 y fue derrotado en julio del mismo año.

[242] *haca*: jaca.

[243] *lucia*: gorda, de piel tersa y buen pelo.

[244] *jinete*: caballo a propósito para ser montado a la jineta, es decir, con estribos cortos y las piernas dobladas.

[245] *trinchea:* trinchera.

Poesía mística

Santa Teresa de Jesús
(Ávila, 1515 - Alba de Tormes, 1582)

61

Vivo sin vivir en mí,
y tan alta vida espero,
que muero porque no muero.

   Vivo ya fuera de mí,
después que muero de amor,   5
porque vivo en el Señor,
que me quiso para sí.
Cuando el corazón le di,
puso en mí este letrero:
Que muero porque no muero.   10
   Esta divina prisión
del amor con que yo vivo
ha hecho a Dios mi cautivo
y libre mi corazón;
y causa en mí tal pasión   15
ver a Dios mi prisionero,
que muero porque no muero.
   ¡Ay, qué larga es esta vida,

qué duros estos destierros,
esta cárcel, estos hierros   20
en que el alma está metida!
Solo esperar la salida
me causa dolor tan fiero,
que muero porque no muero.

   ¡Ay, qué vida tan amarga   25
do no se goza el Señor!
Porque si es dulce el amor,
no lo es la esperanza larga.
Quíteme Dios esta carga
más pesada que el acero,   30
que muero porque no muero.

   Solo con la confianza
vivo de que he de morir,
porque muriendo el vivir
me asegura mi esperanza.   35
Muerte do el vivir se alcanza,
no te tardes, que te espero,
que muero porque no muero.

   Mira que el amor es fuerte;
vida, no me seas molesta,   40
mira que solo te resta,
para ganarte, perderte;
venga ya la dulce muerte,
venga el morir muy ligero,
que muero porque no muero.   45

   Aquella vida de arriba,
que es la vida verdadera,
hasta que esta vida muera
no se goza estando viva.

Muerte, no me seas esquiva;   50
viva muriendo primero,
que muero porque no muero.

    Vida, ¿qué puedo yo darle
a mi Dios que vive en mí,
si no es perderte a ti,   55
para mejor a Él gozarle?
Quiero muriendo alcanzarle,
pues a Él solo es al que quiero.
Que muero porque no muero.

SAN JUAN DE LA CRUZ
(Fontiveros, 1542 - Úbeda, 1591)

Cántico espiritual

62
Canciones entre el alma y el esposo

ESPOSA.   ¿Adónde te escondiste,
Amado, y me dejaste con gemido?
Como el ciervo huiste,
habiéndome herido;
salí tras ti clamando, y eras ido.   5

    Pastores, los que fuerdes [246]
allá por las majadas al otero, [247]
si por ventura vierdes
aquel que yo más quiero,

---

[246] *fuerdes*: fuerais.
[247] *otero*: cerro aislado que domina un llano.

decidle que adolezco, peno y muero.   10
    Buscando mis amores,
iré por esos montes y riberas;
ni cogeré las flores,
ni temeré las fieras,
y pasaré los fuertes y fronteras.   15

(Pregunta a las criaturas.)
    ¡Oh bosques y espesuras
plantadas por la mano del Amado!
¡Oh prado de verduras,
de flores esmaltado!
¡Decid si por vosotros ha pasado!   20

(Respuesta de las criaturas.)
    Mil gracias derramando
pasó por estos sotos con presura,
e, yéndolos mirando,
con sola su figura
vestidos los dejó de hermosura.   25

ESPOSA.   ¡Ay! ¿Quién podrá sanarme?
Acaba de entregarte ya de vero. [248]
No quieras enviarme
de hoy más ya mensajero;
que no saben decirme lo que quiero.   30
    Y todos cuantos vagan [249]
de ti me van mil gracias refiriendo,
y todos más me llagan,
y déjame muriendo

---

[248] *de vero*: de verdad.
[249] *vagan*: andan de un lado a otro.

un no sé qué que quedan balbuciendo.   35
    Mas ¿cómo perseveras,
¡oh vida!, no viviendo donde vives,
y haciendo por que mueras
las flechas que recibes
de lo que del Amado en ti concibes?   40
    ¿Por qué, pues has llagado
aqueste corazón, no le sanaste?
Y, pues me le has robado,
¿por qué así le dejaste,
y no tomas el robo que robaste?   45
    Apaga mis enojos,
pues que ninguno basta a deshacellos,
y véante mis ojos,
pues eres lumbre de ellos
y solo para ti quiero tenellos.   50
    ¡Oh cristalina fuente,
si en esos tus semblantes plateados
formases de repente
los ojos deseados
que tengo en mis entrañas dibujados!   55
¡Apártalos, Amado,
que voy de vuelo!

EL ESPOSO.   Vuélvete, paloma,
que el ciervo vulnerado [250]
por el otero asoma
al aire de tu vuelo, y fresco toma.   60

---

[250] *vulnerado*: herido.

LA ESPOSA.   Mi Amado, las montañas,
          los valles solitarios nemorosos, [251]
          las ínsulas [252] extrañas,
          los ríos sonorosos,
          el silbo de los aires amorosos,   65
            la noche sosegada
          en par de los levantes de la aurora, [253]
          la música callada,
          la soledad sonora,
          la cena que recrea y enamora.   70
            Nuestro lecho florido,
          de cuevas de leones [254] enlazado,
          en púrpura tendido, [255]
          de paz edificado,
          de mil escudos de oro coronado.   75
            A zaga de tu huella [256]
          las jóvenes discurren al camino
          al toque de centella, [257]
          al adobado [258] vino,
          emisiones [259] de bálsamo divino.   80
            En la interior bodega,

---

[251] *nemorosos*: boscosos, con abundante vegetación.

[252] *ínsulas*: islas.

[253] *en par de los levantes de la aurora*: cerca del amanecer.

[254] En el comentario en prosa de este poema explica el autor que *las cuevas de leones* simbolizan "las virtudes que posee el alma en este estado de unión".

[255] *en púrpura tendido*: recubierto de púrpura.

[256] *a zaga de tu huella*: detrás de ti.

[257] Dice san Juan que es "el toque sutilísimo que el Amado hace a la alma [...], de manera que le enciende el corazón en fuego de amor".

[258] *adobado*: embocado, preparado para que tenga un sabor más intenso.

[259] *emisiones*: efluvios, aromas.

de mi Amado bebí, y cuando salía
por toda aquesta vega,
ya cosa no sabía;
y el ganado perdí que antes seguía.   85

   Allí me dio su pecho,
allí me enseñó ciencia muy sabrosa;
y yo le di de hecho
a mí, sin dejar cosa;
allí le prometí de ser su esposa.   90

   Mi alma se ha empleado,
y todo mi caudal en su servicio.
Ya no guardo ganado,
ni ya tengo otro oficio,
que ya solo en amar es mi ejercicio.   95

   Pues ya si en el ejido [260]
de hoy más no fuere vista ni hallada,
diréis que me he perdido;
que, andando enamorada,
me hice perdidiza, y fui ganada.   100

   De flores y esmeraldas,
en las frescas mañanas escogidas,
haremos las guirnaldas
en tu amor florecidas,
y en un cabello mío entretejidas.   105

   En solo aquel cabello
que en mi cuello volar consideraste,
mirástele en mi cuello,
y en él preso quedaste,

---

[260] *ejido*: campo de propiedad comunal próximo al pueblo, donde se
reúne el ganado.

y en uno de mis ojos te llagaste. [261] 110

 Cuando tú me mirabas,
tu gracia en mí tus ojos imprimían;
por eso me adamabas, [262]
y en eso merecían
los míos adorar lo que en ti vían. [263] 115

 No quieras despreciarme,
que, si color moreno en mí hallaste,
ya bien puedes mirarme
después que me miraste,
que gracia y hermosura en mí dejaste. 120

 Cogednos las raposas,
que está ya florecida nuestra viña,
en tanto que de rosas
hacemos una piña,
y no parezca nadie en la montiña. 125

 Detente, cierzo [264] muerto;
ven, austro, [265] que recuerdas [266] los amores,
aspira por mi huerto
y corran sus olores,
y pacerá el Amado entre las flores. 130

ESPOSO. Entrado se ha la esposa
en el ameno huerto deseado,
y a su sabor reposa,
el cuello reclinado

---

[261] *te llagaste*: te heriste (metafóricamente).
[262] *me adamabas*: me cortejabas.
[263] *vían*: veían.
[264] *cierzo*: viento frío, del norte.
[265] *austro*: viento cálido, del sur.
[266] *recuerdas*: despiertas.

sobre los dulces brazos del Amado.   135
    Debajo del manzano,
allí conmigo fuiste desposada,
allí te di la mano,
y fuiste reparada
donde tu madre fuera violada.   140
    A las aves ligeras,
leones, ciervos, gamos saltadores,
montes, valles, riberas,
aguas, aires, ardores
y miedos de las noches veladores,   145
    por las amenas liras
y canto de serenas [267] os conjuro
que cesen vuestras iras,
y no toquéis el muro,
por que la esposa duerma más seguro.   150

ESPOSA.   ¡Oh ninfas de Judea!,
en tanto que en las flores y rosales
el ámbar perfumea,
morá en los arrabales,
y no queráis tocar nuestros umbrales.   155
    Escóndete, Carillo, [268]
y mira con tu haz [269] a las montañas,
y no quieras decillo;
mas mira las compañas [270]
de la que va por ínsulas extrañas.   160

---

[267] *serena*: sirena, ser mitológico con cabeza de mujer y cuerpo de ave, que enloquecía a los hombres con su canto.

[268] *Carillo:* diminutivo de *caro* ("querido").

[269] *haz:* faz, cara.

[270] *compaña:* compañía.

ESPOSO.   La blanca palomica
           al arca con el ramo se ha tornado;
           y ya la tortolica
           al socio[271] deseado
           en las riberas verdes ha hallado.   165
               En soledad vivía,
           y en soledad ha puesto ya su nido;
           y en soledad la guía
           a solas su querido,
           también en soledad de amor herido.   170
ESPOSA.   Gocémonos, Amado,
           y vámonos a ver en tu hermosura
           al monte u al collado,
           do mana el agua pura;
           entremos más adentro en la espesura.   175
               Y luego a las subidas
           cavernas de la piedra nos iremos,
           que están bien escondidas;
           y allí nos entraremos,
           y el mosto de granadas gustaremos.   180
               Allí me mostrarías
           aquello que mi alma pretendía,
           y luego me darías
           allí tú, vida mía,
           aquello que me diste el otro día.   185
               El aspirar del aire,
           el canto de la dulce filomena,[272]
           el soto y su donaire,

---

[271] *socio:* amado, compañero.
[272] *filomena:* ruiseñor.

en la noche serena,
con llama que consume y no da pena.   190

    Que nadie lo miraba,
Aminadab [273] tampoco parecía,
y el cerco sosegaba,
y la caballería [274]
a vista de las aguas decendía.   195

Noche oscura del alma

63
Canciones del alma

    En una noche oscura,
con ansias, en amores inflamada,
¡oh dichosa ventura!,
salí sin ser notada,
estando ya mi casa sosegada.   5
    A escuras y segura
por la secreta escala, disfrazada,
¡oh dichosa ventura!,
a escuras y en celada, [275]
estando ya mi casa sosegada.   10
    En la noche dichosa,
en secreto, que nadie me veía,
ni yo miraba cosa,
sin otra luz y guía

---

[273] Dice san Juan que se refiere al "demonio adversario del alma esposa".
[274] Según el autor, *la caballería* es símbolo de los sentidos corporales.
[275] *en celada*: a escondidas.

sino la que en el corazón ardía. 15
   Aquesta me guiaba,
más cierto que la luz del mediodía,
adonde me esperaba
quien yo bien me sabía,
en parte donde nadie parecía. [276] 20
   ¡Oh noche que guiaste!
¡Oh noche amable más que el alborada!
¡Oh noche que juntaste
Amado con amada,
amada en el Amado transformada! 25
   En mi pecho florido,
que entero para él solo se guardaba,
allí quedó dormido,
y yo le regalaba,
y el ventalle [277] de cedros aire daba. 30
   El aire de la almena,
cuando yo sus cabellos esparcía,
con su mano serena
en mi cuello hería,
y todos mis sentidos suspendía. 35
   Quedeme y olvideme,
el rostro recliné sobre el Amado;
cesó todo y dejeme,
dejando mi cuidado
entre las azucenas olvidado. 40

---

[276] *parecía*: aparecía.
[277] *ventalle*: abanico.

Llama de amor viva

64

Canciones que hace el alma en la íntima unión con Dios

¡Oh llama de amor viva,
que tiernamente hieres
de mi alma en el más profundo centro!,
pues ya no eres esquiva,
acaba ya, si quieres;   5
¡rompe la tela de este dulce encuentro!

¡Oh cauterio [278] suave!,
¡oh regalada llaga!,
¡oh mano blanda!, ¡oh toque delicado,
que a vida eterna sabe
y toda deuda paga!,
matando, muerte en vida la has trocado.   10

¡Oh lámpara de fuego,
en cuyos resplandores
las profundas cavernas del sentido,
que estaba oscuro y ciego,
con extraños primores
calor y luz dan junto a su Querido!   15

¡Cuán manso y amoroso
recuerdas en mi seno,
donde secretamente solo moras!;
y en tu aspirar sabroso,
de bien y gloria lleno,
¡cuán delicadamente me enamoras!   20

---

[278] *cauterio*: cura para evitar la gangrena en la que se aplicaba a las heridas una varilla candente.

ENTRE DOS SIGLOS

ANÓNIMO

65
A Cristo crucificado

No me mueve, mi Dios, para quererte
el cielo que me tienes prometido;
ni me mueve el infierno tan temido
para dejar por eso de ofenderte.

Tú me mueves, Señor; muéveme el verte   5
clavado en una cruz y escarnecido;
muéveme ver tu cuerpo tan herido;
muévenme tus afrentas y tu muerte.

Muéveme, en fin, tu amor, y en tal manera,
que aunque no hubiera cielo, yo te amara,   10
y aunque no hubiera infierno, te temiera.

No tienes que me dar porque te quiera;
pues aunque cuanto espero no esperara,
lo mismo que te quiero te quisiera.

MIGUEL DE CERVANTES
(Alcalá de Henares, 1547 - Madrid, 1616)

66
Al túmulo del rey Felipe II en Sevilla

"¡Voto a Dios [279] que me espanta esta grandeza
y que diera un doblón [280] por describilla!
Porque, ¿a quién no sorprende y maravilla
esta máquina [281] insigne, esta riqueza?

Por Jesucristo vivo, cada pieza   5
vale más de un millón, y que es mancilla
que esto no dure un siglo, ¡oh, gran Sevilla!,
Roma triunfante en ánimo y nobleza.

Apostaré que el ánima del muerto,
por gozar de este sitio, hoy ha dejado   10
la gloria, donde vive eternamente."

Esto oyó un valentón y dijo: "Es cierto
cuanto dice voacé, [282] seor soldado.
Y el que dijere lo contrario, miente."

Y luego, in continente, [283]   15
caló el chapeo, [284] requirió la espada, [285]
miró al soslayo, fuese, y no hubo nada.

---

[279] *Voto a Dios*: fórmula de juramento propia de soldados y gente del hampa.

[280] *doblón*: moneda antigua de oro que valía dos escudos.

[281] *máquina*: suntuosidad, aparato.

[282] *voacé*: contracción de *vuestra merced*; es característica del habla popular, lo mismo que *seor*: "señor".

[283] *in continente*: al instante.

[284] *chapeo*: sombrero.

[285] *requirió la espada*: echó mano a la espada con aire de amenaza.

67

Madre, la mi madre,
guardas me ponéis;
que si yo no me guardo,   40
no me guardaréis.

Dicen que está escrito,
y con gran razón,
ser la privación
causa de apetito;   45
crece en infinito
encerrado amor;
por eso es mejor
que no me encerréis;
que si yo, etc.   50

Si la voluntad
por sí no se guarda,
no la harán guarda
miedo o calidad; [286]
romperá, en verdad,   55
por la misma muerte,
hasta hallar la suerte
que vos no entendéis;
que si yo, etc.

Quien tiene costumbre   60
de ser amorosa,
como mariposa
se irá tras la lumbre,

---

[286] *calidad:* la condición y el comportamiento que se espera de las personas de la nobleza.

aunque muchedumbre
de guardas le pongan,   65
y aunque más propongan
de hacer lo que hacéis;
que si yo, etc.

    Es de tal manera
la fuerza amorosa,   70
que a la más hermosa
la vuelve en quimera: [287]
el pecho de cera,
de fuego la gana,
las manos de lana,   75
de fieltro los pies;
que si yo no me guardo,
mal me guardaréis.

La casa de los celos

68

¡Bien haya quien hizo
cadenitas, cadenas;
bien haya quien hizo
cadenas de amor!
    ¡Bien haya el acero   5
de que se formaron,
y los que inventaron
amor verdadero!

---

[287] *quimera*: "monstruo fantástico formado con elementos de varios animales". Imaginariamente, la mujer enamorada también está hecha de distintos materiales que representan su actitud ante el amor: pecho blando (*de cera*), deseo ardiente (*de fuego*), suave cuando toca (*lana*) y silenciosa cuando se mueve (*fieltro*).

¡Bien haya el dinero
de metal mejor!   10
¡Bien haya quien hizo
cadenas de amor!

VICENTE ESPINEL
(Ronda, 1550 - Madrid, 1624)

Diversas rimas

69

Estas son las reliquias, fuego y hielo,
con que lloré y canté mi pena y gloria,
que pudieran, ¡oh España!, la memoria
levantar de tus hechos hasta el cielo.

Llevome un juvenil furioso vuelo   5
por una senda de mi mal notoria,
hasta que, puesto en medio de la historia,
abrí la vista, y vi mi amargo duelo.

Mas retireme a tiempo del funesto
y estrecho paso, do se llora y arde,   10
ya casi en medio de las llamas puesto.

Que aunque me llame la ocasión cobarde,
más vale errando arrepentirse presto,
que conocer los desengaños tarde.

70
Glosa

Contentamientos pasados,
¿qué queréis?
Dejadme, no me canséis.

Contentos, cuya memoria
a cruel muerte condena, 5
idos de mí en hora buena,
y pues que no me dais gloria,
no vengáis a darme pena.
Ya están los tiempos trocados.
Mi bien llevóselo el viento; 10
no me deis ya más cuidados,
que son para más tormento
contentamientos pasados.

No me mostréis lisonjeros,
que no habéis de ser creídos, 15
ni me amenacéis con fieros,
porque el temor de perderos
se perdió en siendo perdidos.
Y si acaso pretendéis
cumplir vuestra voluntad 20
con mi muerte, bien podréis
matarme, y si no, mirad
qué queréis.

Si dar disgusto y desdén
es vuestro propio caudal, 25
sabed que he quedado tal,
que aún no me ha dejado el bien
de suerte que sienta el mal.
Mas con todo, pues me habéis
dejado y estoy sin vos, 30
paso, no me atormentéis;
contentos idos con Dios,
dejadme, no me canséis.

Romancero

71

Cuando el amor dé
cuanto bien alcanza,
si falta esperanza,
morirá la fe.

Cuando llegue a estar   5
un enamorado
cuan bien empleado
sepa desear,
yo muy cierto sé
que en esta privanza,   10
si falta esperanza,
morirá la fe.
La experiencia enseña
que el fuego se acaba
faltando la leña   15
que le sustentaba,
y en mayor bonanza
cuando el alma esté,
si falta esperanza,
morirá la fe.   20

LUIS DE GÓNGORA
(Córdoba, 1561 - 1627)

72

La más bella niña
de nuestro lugar,
hoy viuda y sola
y ayer por casar,
viendo que sus ojos   5
a la guerra van,
a su madre dice,
que escucha su mal:
  Dejadme llorar
orillas del mar.   10

  Pues me diste, madre,
en tan tierna edad
tan corto el placer,
tan largo el pesar,
y me cautivastes   15
de quien hoy se va
y lleva las llaves
de mi libertad.
  Dejadme llorar
orillas del mar.   20

  En llorar conviertan

mis ojos, de hoy más,
el sabroso oficio
del dulce mirar,
pues que no se pueden 25
mejor ocupar,
yéndose a la guerra
quien era mi paz.
   Dejadme llorar
orillas del mar. 30
   No me pongáis freno
ni queráis culpar;
que lo uno es justo,
lo otro por demás.
Si me queréis bien, 35
no me hagáis mal;
harto peor fuera
morir y callar.
   Dejadme llorar
orillas del mar. 40
   Dulce madre mía,
¿quién no llorará,
aunque tenga el pecho
como un pedernal,
y no dará voces, 45
viendo marchitar
los más verdes años
de mi mocedad?
   Dejadme llorar
orillas del mar. 50
   Váyanse las noches,
pues ido se han

los ojos que hacían
los míos velar;
váyanse, y no vean   55
tanta soledad,
después que en mi lecho
sobra la mitad.
    Dejadme llorar
orillas del mar.   60

                    73
    Da bienes Fortuna
que no están escritos:
cuando pitos flautas,
cuando flautas pitos.

    ¡Cuán diversas sendas   5
se suelen seguir
en el repartir
honras y haciendas!
A unos da encomiendas,
a otros sambenitos.   10
Cuando pitos flautas,
cuando flautas pitos.
    A veces despoja
de choza y apero[288]
al mayor cabrero;   15
y a quien se le antoja
la cabra más coja
pare dos cabritos.
Cuando pitos flautas,

---

[288] *apero*: instrumentos de labranza.

cuando flautas pitos.   20

    Porque en una aldea
un pobre mancebo
hurtó solo un huevo,
al sol bambolea; [289]
y otro se pasea   25
con cien mil delitos.
Cuando pitos flautas,
cuando flautas pitos.

74

Las flores del romero,
niña Isabel,
hoy son flores azules, [290]
mañana serán miel.

    Celosa estás, la niña,   5
celosa estás de aquel
dichoso, pues le buscas,
ciego, pues no te ve,
ingrato, pues te enoja,
y confiado, pues   10
no se disculpa hoy
de lo que hizo ayer.
Enjuguen esperanzas
lo que lloras por él;
que celos entre aquellos   15

---

[289] *al sol bambolea*: está ahorcado y su cadáver se mueve con el viento en medio de la plaza pública.

[290] El azul, además de ser el color de las flores del romero, es símbolo de los celos.

que se han querido bien,
hoy son flores azules,
mañana serán miel.

    Aurora de ti misma, [291]
que cuando a amanecer   20
a tu placer empiezas,
te eclipsan tu placer.
Serénense tus ojos,
y más perlas no des,
porque al Sol le está mal   25
lo que a la Aurora bien. [292]
Desata como nieblas
todo lo que no ves; [293]
que sospechas de amantes
y querellas después,   30
hoy son flores azules,
mañana serán miel.

75

    En un pastoral albergue, [294]
que la guerra entre unos robres
le dejó por escondido

---

[291] La belleza de la muchacha se anuncia a sí misma, como la aurora anuncia el día.

[292] Es propio de la Aurora el rocío, metáfora del llanto; pero el Sol debe brillar en plenitud. La niña, que es aurora y sol al mismo tiempo, debe dejar de llorar.

[293] Como el sol disipa las nieblas, la niña debe olvidar sus sospechas ("todo lo que no ves").

[294] El asunto de este poema son los amores de Angélica, una bellísima dama pretendida por los más altos caballeros de la corte de Carlomagno, y Medoro, un pobre soldado musulmán al que encontró herido en el campo de batalla.

o le perdonó por pobre,
   do la paz viste pellico [295]   5
y conduce entre pastores
ovejas del monte al llano
y cabras del llano al monte,
   mal herido y bien curado,
se alberga un dichoso joven,   10
que sin clavarle Amor flecha,
le coronó de favores.

   Las venas con poca sangre,
los ojos con mucha noche,
le halló en el campo aquella   15
vida y muerte de los hombres.

   Del palafrén [296] se derriba,
no porque al moro conoce,
sino por ver que la hierba
tanta sangre paga en flores.   20

   Límpiale el rostro, y la mano
siente al Amor que se esconde
tras las rosas, que la muerte
va violando sus colores.

   Escondiose tras las rosas   25
por que labren sus arpones
el diamante del Catay [297]
con aquella sangre noble.

   Ya le regala los ojos,
ya le entra, sin ver por dónde,   30
una piedad mal nacida

---

[295] *pellico*: vestido de pieles, propio de los pastores.
[296] *palafrén*: caballo manso y de paso regular en el que montaban las damas.
[297] *Catay*: nombre antiguo de la China, de donde procedía Angélica.

entre dulces escorpiones. [298]

Ya es herido el pedernal, [299]
ya despide al primer golpe
centellas de agua. [300] ¡Oh piedad,   35
hija de padres traidores!

Hierbas aplica a sus llagas,
que si no sanan entonces,
en virtud de tales manos
lisonjean [301] los dolores.   40

Amor le ofrece su venda,
mas ella sus velos rompe
para ligar sus heridas;
los rayos del sol perdonen. [302]

Los últimos nudos daba   45
cuando el cielo la socorre
de un villano en una yegua
que iba penetrando el bosque.

Enfrénanle de la bella
las tristes piadosas voces,   50
que los firmes troncos mueven
y las sordas piedras oyen;

y la que mejor se halla
en las selvas que en la corte,
simple bondad, al pío ruego   55

---

[298] *escorpiones*: las zozobras y penas del amor.

[299] *pedernal*: piedra muy dura de la que saltan chispas al ser golpeada, símbolo del corazón de Angélica.

[300] *centellas de agua*: lágrimas.

[301] *lisonjean*: hacen agradables.

[302] El texto es ambiguo. Puede significar "perdonen los ojos de Angélica (*los rayos del sol*) que quedan al descubierto", o "Perdonen los rayos del sol, que quedan oscurecidos por el brillo de los ojos de la heroína".

cortésmente corresponde.

    Humilde se apea el villano,
y sobre la yegua pone
un cuerpo con poca sangre,
pero con dos corazones;   60
    a su cabaña los guía,
que el sol deja su horizonte
y el humo de su cabaña
les va sirviendo de Norte.

    Llegaron temprano a ella,   65
do una labradora acoge
un mal vivo con dos almas, [303]
una ciega con dos soles.

    Blando heno en vez de pluma
para lecho les compone,   70
que será tálamo [304] luego
do el garzón sus dichas logre.

    Las manos, pues, cuyos dedos
de esta vida fueron dioses,
restituyen a Medoro   75
salud nueva, fuerzas dobles,
    y le entregan, cuando menos,
su beldad y un reino en dote, [305]
segunda invidia de Marte,
primera dicha de Adonis. [306]   80

---

[303] *un mal vivo con dos almas*: Medoro herido, que tiene su propia alma y la de Angélica, que se ha enamorado de él.

[304] *tálamo*: cama nupcial.

[305] Angélica, reina del Catay, entrega a Medoro su belleza y su reino como dote.

[306] Venus dejó a Marte, símbolo de la fuerza, por Adonis, joven extremadamente bello, como Angélica ha despreciado al conde Orlando y a otros nobles caballeros para prendarse de Medoro.

Corona un lascivo enjambre
de Cupidillos menores
la choza, bien como abejas
hueco tronco de alcornoque.

¡Qué de nudos le está dando   85
a un áspid la Invidia torpe,
contando de las palomas
los arrullos gemidores! [307]

¡Qué bien la destierra Amor,
haciendo la cuerda azote,   90
por que el caso no se infame
y el lugar no se inficione! [308]

Todo es gala el africano,
su vestido espira olores,
el lunado arco suspende   95
y el corvo alfange depone.

Tórtolas enamoradas
son sus roncos atambores,
y los volantes [309] de Venus
sus bien seguidos pendones.   100

Desnuda el pecho, anda ella;
vuela el cabello sin orden;
si le abrocha, es con claveles;
con jazmines, si le coge.

El pie calza en lazos de oro,   105
por que la nieve se goce,

---

[307] Ante los amores de los protagonistas, simbolizados por los arrullos de las palomas, la Envidia expresa su rabia retorciendo un áspid venenoso.
[308] *inficione*: infecte.
[309] *volantes*: los del vestido.

y no se vaya por pies [310]
la hermosura del orbe.

Todo sirve a los amantes,
plumas les baten, veloces,   110
airecillos lisonjeros,
si no son murmuradores.

Los campos les dan alfombras,
los árboles pabellones,
la apacible fuente sueño,   115
música los ruiseñores.

Los troncos les dan cortezas
en que se guarden sus nombres,
mejor que en tablas de mármol
o que en láminas de bronce.   120

No hay verde fresno sin letra,
ni blanco chopo sin mote; [311]
si un valle "Angélica" suena,
otro "Angélica" responde.

Cuevas do el silencio apenas   125
deja que sombras las moren,
profanan con sus abrazos
a pesar de sus horrores.

Choza, pues, tálamo y lecho,
cortesanos labradores,   130
aires, campos, fuentes, vegas,
cuevas, troncos, aves, flores,
    fresnos, chopos, montes, valles,

---

[310] *no se vaya por pies*: no se escape.
[311] *mote*: "rótulo, leyenda"; en este caso, los nombres de los amantes gra-
bados en las cortezas de los árboles.

contestes [312] de estos amores,
el cielo os guarde, si puede,   135
de las locuras del Conde. [313]

76
A Córdoba [314]

¡Oh excelso muro, oh torres coronadas
de honor, de majestad, de gallardía!
¡Oh gran río, gran rey de Andalucía,
de arenas nobles, ya que no doradas!

   ¡Oh fértil llano, oh sierras levantadas,   5
que privilegia el cielo y dora el día!
¡Oh siempre gloriosa patria mía,
tanto por plumas cuanto por espadas!

   Si entre aquellas ruinas y despojos
que enriquece Genil y Dauro [315] baña   10
tu memoria no fue alimento mío,

   nunca merezcan mis ausentes ojos
ver tu muro, tus torres y tu río,
tu llano y sierra, ¡oh patria, oh flor de España!

77
Mientras, por competir con tu cabello,
oro bruñido, el sol relumbra en vano;
mientras con menosprecio en medio el llano

---

[312] *contestes*: testigos.

[313] Se refiere a Orlando, que enloqueció por el amor de Angélica.

[314] Este poema lo escribió Góngora durante un viaje a Granada, en respuesta a una carta de sus amigos cordobeses, que le reprochaban el haber olvidado su ciudad natal.

[315] *Genil y Dauro*: los dos ríos de Granada.

mira tu blanca frente al lilio[316] bello;
   mientras a cada labio, por cogello,   5
siguen más ojos que al clavel temprano,
y mientras triunfa con desdén lozano
del luciente cristal tu gentil cuello;
   goza cuello, cabello, labio y frente,
antes que lo que fue en tu edad dorada   10
oro, lilio, clavel, cristal luciente
   no solo en plata o viola[317] troncada[318]
se vuelva, mas tú y ello juntamente
en tierra, en humo, en polvo, en sombra, en nada.

78
A don Francisco de Quevedo

Anacreonte español,[319] no hay quien os tope
que no diga con mucha cortesía
que ya que vuestros pies son de elegía,[320]
que vuestras suavidades son de arrope.
   ¿No imitaréis al terenciano Lope,[321]   5

---

[316] *lilio*: lirio.

[317] *viola*: violeta.

[318] *troncada*: rota, quebrada, tronchada.

[319] Alude al hecho de que Quevedo había traducido del griego las obras del poeta Anacreonte.

[320] Góngora juega con dos sintagmas de sonido próximo: *pies de elegía* (las unidades que forman los versos griegos y latinos, en alusión a la traducción del griego arriba señalada) y *pies de lejía* (porque Quevedo era patizambo y renqueante, y porque sus versos eran corrosivos como la lejía).

[321] *terenciano Lope*: alusión a Lope de Vega, amigo de Quevedo y rival de Góngora, que se dedicaba a escribir teatro, como el poeta latino Terencio.

que al de Belerofonte[322] cada día
sobre zuecos[323] de cómica poesía
se calza espuelas, y le da un galope?

Con cuidado especial vuestros antojos[324]
dicen que quieren traducir al griego   10
no habiéndolo mirado vuestros ojos.

Prestádselos un rato a mi ojo ciego[325]
por que a luz saque ciertos versos flojos,
y entenderéis cualquier gregüesco[326] luego.

Fábula de Polifemo y Galatea

79
[Descripción de Polifemo]

[...] Un monte era de miembros eminente
este (que, de Neptuno hijo fiero,   50
de un ojo ilustra el orbe de su frente,
émulo casi del mayor lucero)[327]

---

[322] *Belerofonte*: "héroe de la mitología griega que montó al caballo alado Pegaso". Este animal es símbolo de la poesía, porque de una coz hizo brotar la fuente Hipocrene, que inspiraba a los que bebían sus aguas.

[323] *zuecos*: "zapatos de madera propios de los labradores". Góngora degrada el calzado elevado que se usaba en las representaciones de la tragedia griega: el coturno. Mordazmente, sugiere la vulgaridad del teatro de su adversario, que, en vez de los nobles coturnos, emplea los ramplones zuecos.

[324] *antojos*: "anteojos, lentes, gafas" y "caprichos". Alude a la acentuada miopía de Quevedo, que le obligaba a usar un tipo de gafas a las que la posteridad ha llamado, en su honor, *quevedos*.

[325] *ojo ciego*: el del culo.

[326] *gregüesco*: "calzones". Góngora juega con la semejanza entre las palabras *griego* (la lengua de la que había traducido Quevedo) y *gregüesco*.

[327] Polifemo es un cíclope mitológico, hijo de Neptuno, dios del mar. Tiene un solo ojo en la frente, que puede competir con el sol en grandeza.

cíclope, a quien el pino más valiente, [328]
bastón, le obedecía, tan ligero,
y al grave peso junco tan delgado,   55
que un día era bastón y otro cayado. [329]
    Negro el cabello, imitador undoso
de las obscuras aguas del Leteo, [330]
al viento que lo peina proceloso,
vuela sin orden, pende sin aseo;   60
un torrente es su barba impetuoso,
que (adusto hijo de este Pirineo) [331]
su pecho inunda, o tarde, o mal, o en vano
surcada aun de los dedos de su mano [...].

8o

[Descripción de Galatea]

    Ninfa, de Doris hija, la más bella,
adora, que vio el reino de la espuma. [332]
Galatea es su nombre, y dulce en ella
el terno [333] Venus de sus Gracias suma.   100
Son una y otra luminosa estrella
lucientes ojos de su blanca pluma:
si roca de cristal no es de Neptuno,

---

[328] *valiente*: fuerte, vigoroso.

[329] *un día... cayado*: un día estaba recto (*bastón*) y al día siguiente se encorvaba bajo el paso del gigante (*cayado*).

[330] *Leteo*: río de los infiernos, de aguas negras.

[331] *Pirineo*: el gigante, por su enorme tamaño, similar al de las montañas.

[332] El sujeto de esta oración es Polifemo, enamorado de Galatea.

[333] *terno*: "trío, conjunto de tres cosas o personas", como las Gracias, que en la mitología griega eran tres.

pavón de Venus es, cisne de Juno. [334]

Purpúreas rosas sobre Galatea   105
la Alba entre lilios cándidos [335] deshoja:
duda el Amor cuál más su color sea,
o púrpura nevada, o nieve roja.
De su frente la perla es, eritrea, [336]
émula vana. El ciego dios se enoja   110
y, condenado su esplendor, la deja
pender en oro al nácar de su oreja. [337]

Soledad primera

81

Era del año la estación florida
en que el mentido robador de Europa [338]
—media luna las armas de su frente,
y el sol todos los rayos de su pelo—,
luciente honor del cielo,   5
en campos de zafiro pace estrellas;
cuando el que ministrar podía la copa

---

[334] La piel de Galatea es tan blanca, que puede compararse al cristal (de Neptuno, porque vive en el mar). La piel blanca, como la pluma del cisne, se ve interrumpida por los ojos, cuyo intenso color azul recuerda las manchas de la cola del pavo real. El pavo real estaba consagrado en la mitología a Juno, y el cisne, a Venus. El poeta trueca los atributos ya que la piel de Galatea participa de las cualidades del cisne y del pavón.

[335] *cándidos*: blancos.

[336] *eritrea*: procedente del mar Rojo.

[337] Cupido deja que la perla, engastada en oro, sirva de pendiente o arracada de Galatea.

[338] *el mentido robador de Europa*: "Júpiter, que se disfrazó de toro para raptar a la ninfa Europa, de la que se había enamorado". Alude el poeta al signo de Tauro, que se corresponde con el mes de mayo.

a Júpiter mejor que el garzón de Ida [339]
—náufrago y desdeñado, sobre ausente—,
lagrimosas, de amor, dulces querellas   10
da al mar; que condolido,
fue a las ondas, fue al viento
el mísero gemido,
segundo de Arión [340] dulce instrumento.
          Del siempre en la montaña opuesto pino   15
al enemigo Noto, [341]
piadoso miembro roto
—breve tabla— delfín no fue pequeño
al inconsiderado peregrino
que a una Libia de ondas [342] su camino   20
fio, y su vida a un leño.
Del Océano, pues, antes sorbido
y luego vomitado
no lejos de un escollo coronado
de secos juncos, de calientes plumas   25
—alga todo y espumas—,
halló hospitalidad donde halló nido
de Júpiter el ave. [343]

---

[339] *el garzón de Ida*: Ganimedes, un bello joven, que servía las bebidas a
los dioses de la mitología griega.

[340] *Arión*: "músico que fue arrojado al mar, pero un delfín, atraído por
su música, lo salvó llevándolo sobre los hombros". El gemido del protago-
nista de las *Soledades* sirvió como el instrumento de Arión y le permitió sal-
varse del naufragio.

[341] *Noto*: viento del norte.

[342] *Libia de ondas*: desierto de ondas, el mar.

[343] *de Júpiter el ave*: el águila, consagrada al padre de los dioses.

82

[*La pesca*]

Liberalmente de los pescadores
al deseo el estero[344] corresponde,
sin valelle al lascivo ostión el justo
arnés de hueso[345] donde
lisonja breve al gusto   85
—mas incentiva— esconde:
contagio original quizá de aquella
que, siempre hija bella
de los cristales, una
venera fue su cuna.[346]   90
    Mallas visten de cáñamo al lenguado,
mientras, en su piel lúbrica fiado,
el congrio, que viscosamente liso,
las telas burlar quiso,
tejido en ellas se quedó burlado.   95
    Las redes califica[347] menos gruesas,
sin romper hilo alguno,
pompa el salmón de las reales mesas
cuando no de los campos de Neptuno,
y el travieso robalo   100
guloso, de los cónsules regalo.
    Estos y muchos más, unos desnudos,

---

[344] *el estero*: la ría.
[345] *el justo arnés de hueso*: la concha.
[346] *aquella... su cuna*: Venus, diosa del amor y los placeres, que nació de una concha, llamada, en recuerdo suyo, *venera*.
[347] *califica*: prestigia.

otros de escamas fáciles armados,
dio la ría pescados,
que, nadando en un piélago de nudos,   105
no agravan poco el negligente roble, [348]
espaciosamente dirigido
al bienaventurado albergue pobre
que, de carrizos frágiles tejido,
si fabricado no de gruesas cañas,   110
bóvedas le coronan de espadañas.

---

[348] *el negligente roble*: el barquichuelo, hecho de madera de roble, que se desliza perezosamente sobre el agua.

LOPE DE VEGA
(Madrid, 1562 - 1635)

83

Sale la estrella de Venus
al tiempo que el sol se pone
y la enemiga del día
su negro manto descoge,
y con ella un fuerte moro,   5
semejante a Rodamonte, [349]
sale de Sidonia airado,
de Jerez la vega corre,
por donde entra Guadalete
al mar de España, y por donde   10
Santa María del Puerto
recibe famoso nombre. [350]
Desesperado camina,
que siendo en linaje noble,
le deja su dama ingrata   15
porque se suena que es pobre,

---

[349] *Rodamonte:* guerrero árabe, personaje de los relatos caballerescos italianos como el *Orlando furioso* de Ludovico Ariosto.

[350] La acción del romance se desarrolla en la zona occidental de la actual provincia de Cádiz, que el poeta evoca enumerando sus ciudades y lugares más famosos.

y aquella noche se casa
con un moro feo y torpe
porque es alcaide[351] en Sevilla
del Alcázar y la Torre.   20
Quejándose tiernamente
de un agravio tan inorme,
y a sus palabras la vega
con dulces ecos responde:
"Zaida —dice— más airada   25
que el mar que las naves sorbe,
más dura e inexorable
que las entrañas de un monte,
¿cómo permites, cruel,
después de tantos favores,   30
que de prendas de mi alma
ajena mano se adorne?
¿Es posible que te abraces
a las cortezas de un roble,
y dejes el árbol tuyo   35
desnudo de fruta y flores?
¿Dejas tu amado Gazul,
dejas tres años de amores,
y das la mano a Albenzaide,
que aun apenas le conoces?   40
Dejas un pobre muy rico
y un rico muy pobre escoges,
pues las riquezas del cuerpo
a las del alma antepones.
Alá permita, enemiga,   45

---

[351] *alcaide*: jefe de una fortaleza o prisión.

que te aborrezca y le adores
y que por celos suspires
y por ausencia le llores
y que de noche no duermas
y de día no reposes   50
y en la cama le fastidies
y que en la mesa le enojes
y en las fiestas, en las zambras,
no se vista tus colores, [352]
ni aun para verlas permita   55
que a la ventana te asomes;
y menosprecie en las cañas, [353]
para que más te alborotes,
el almaizar [354] que le labres
y la manga que le bordes,   60
y se ponga el de su amiga
con la cifra [355] de su nombre,
a quien le dé los cautivos
cuando de la guerra torne,
y en batalla de cristianos   65
de velle muerto te asombres;
y plegue a Alá que suceda,
cuando la mano le tomes,
que si le has de aborrecer,

[352] *colores*: las ropas y adornos de colores simbólicos que usaban los caballeros en las fiestas para manifestar el amor a una persona o su estado de ánimo.

[353] *las cañas*: juegos de cañas, festejos cortesanos en que los caballeros, formando cuadrillas, fingían una batalla, se arrojaban cañas y se protegían con escudos.

[354] *almaizar*: toca de gasa con que los moros se cubren la cabeza.

[355] *cifra*: mote, leyenda de valor simbólico.

que largos años le goces;   70
que es la mayor maldición
que pueden darte los hombres."
Con esto llegó a Jerez
a la mitad de la noche;
halló el palacio cubierto   75
de luminarias y voces,
y los moros fronterizos
que por todas partes corren,
con sus hachas encendidas
y con libreas conformes.   80
Delante del desposado
en los estribos alzose;
arrojole una lanzada,
de parte a parte pasole;
alborotose la plaza,   85
desnudó el moro un estoque
y por mitad de la gente
hacia Sidonia volviose.

84

"Mira, Zaide, que te aviso [356]
que no pases por mi calle,
ni hables con mis mujeres,
ni con mis cautivos trates,
no preguntes en qué entiendo   5
ni quién viene a visitarme,

---

[356] En este romance, comúnmente atribuido a Lope, aunque algún manuscrito lo pone a nombre del doctor Juan de Salinas, se ha querido ver el reflejo de las quejas de Elena Osorio por la falta de discreción del poeta. Véase la réplica escrita por Pedro Liñán de Riaza (núm. 114).

qué fiestas me dan contento
ni qué colores me aplacen;
basta que son por tu causa
las que en el rostro me salen, [357]   10
corrida [358] de haber mirado
moro que tan poco sabe.
Confieso que eres valiente,
que hiendes, rajas y partes,
y que has muerto más cristianos   15
que tienes gotas de sangre;
que eres gallardo jinete,
que danzas, cantas y tañes,
gentilhombre, bien criado
cuanto puede imaginarse;   20
blanco, rubio por extremo,
señalado por linaje,
el gallo de las bravatas,
la nata de los donaires,
que pierdo mucho en perderte   25
y gano mucho en amarte,
y que si nacieras mudo,
fuera posible adorarte;
mas por este inconveniente
determino de dejarte,   30
que eres pródigo de lengua
y amargan tus libertades, [359]
y habrá menester ponerte

---

[357] *las que en el rostro…*: las colores, el rubor.

[358] *corrida*: avergonzada.

[359] *libertades*: "excesos"; en este caso, al contar detalles de sus relaciones amorosas.

quien quisiera sustentarte
un alcázar en el pecho   35
y en los labios un alcaide.
Mucho pueden con las damas
los galanes de tus partes, [360]
porque los quieren briosos,
que rompan y que desgarren;   40
mas tras esto, Zaide amigo,
si algún convite te hacen
del plato de sus favores,
quieren que coman y callen.
Costoso fue el que te hice,   45
venturoso fuera, Zaide,
si conservarme supieras
como supiste obligarme. [361]
Apenas fuiste salido
de los jardines de Tarfe,   50
cuando heciste de la tuya
y de mi desdicha alarde.
A un morito mal nacido
he sabido le enseñaste
la trenza de los cabellos   55
que te puse en el turbante.
No quiero que me la vuelvas,
no quiero que me la guardes,
mas quiero que entiendas, moro,
que en mi desgracia la traes.   60
También me certificaron

---

[360] *partes*: prendas, cualidades.
[361] *obligarme*: enamorarme.

cómo le desafiaste
por las verdades que dijo,
que nunca fueran verdades.
De mala gana me río;   65
¡qué donoso disparate!
No guardas tú tu secreto
¿y quieres que otri le guarde?
No quiero admitir disculpa;
otra vez vuelvo a avisarte   70
que esta será la postrera
que me hables y te hable."
Dijo la discreta Zaida
a un altivo bencerraje, [362]
y al despedir le repite: 75
"Quien tal hace, que tal pague."

85

Hortelano era Belardo [363]
de las huertas de Valencia,
que los trabajos obligan
a lo que el hombre no piensa.
Pasado el hebrero [364] loco,   5
flores para mayo siembra,
que quiere que su esperanza
dé fruto a la primavera.

---

[362] *bencerraje*: abencerraje, caballero moro de una noble familia grana-
dina del siglo XV.

[363] Este romance lo escribió Lope de Vega durante los años que pasó en
Valencia (1588-1590), desterrado por las injurias contra la familia de
Elena Osorio. Es una visión irónica de su propio pasado inmediato.

[364] *hebrero*: el mes de febrero.

El trebol para las niñas
pone a un lado de la huerta,   10
por que la fruta de amor
de las tres hojas aprenda.
Albahacas amarillas,
a partes verdes y secas,
trasplanta para casadas   15
que pasan ya de los treinta,
y para las viudas pone
muchos lirios y verbena,
porque lo verde del alma
encubre la saya negra.   20
Toronjil[365] para muchachas
de aquellas que ya comienzan
a deletrear mentiras,
que hay poca verdad en ellas.
El apio a las opiladas[366]   25
y a las preñadas almendras,
para melindrosas cardos
y ortigas para las viejas.
Lechugas para briosas
que cuando llueve se queman,   30
mastuerzo para las frías
y asenjos[367] para las feas.
De los vestidos que un tiempo
trujo en la corte, de seda,
ha hecho para las aves   35
un espantajo de higuera.

---

[365] *toronjil*: hierba abejera, planta que tiene ciertas propiedades curativas.
[366] *opiladas*: que sufren una retención del flujo menstrual.
[367] *asenjos*: ajenjos, plantas de sabor amargo.

Las lechuguillazas [368] grandes,
almidonadas y tiesas,
y el sombrero boleado [369]
que adorna cuello y cabeza,   40
y sobre un jubón [370] de raso
la más guarnecida cuera, [371]
sin olvidarse las calzas
españolas y tudescas.
Andando regando un día,   45
viole en medio de la higuera
y riéndose de velle,
le dice de esta manera:
    "¡Oh ricos despojos
de mi edad primera   50
y trofeos vivos
de esperanzas muertas!
¡Qué bien parecéis
de dentro y de fuera,
sobre que habéis dado   55
fin a mi tragedia!
¡Galas y penachos
de mi soldadesca,
un tiempo colores
y agora tristeza!   60
Un día de Pascua
os llevé a mi aldea

---

[368] *lechuguillazas*: lechuguillas, especie de cuello formado con pliegues que estuvo de moda en tiempos de Felipe II.

[369] *boleado*: adornado con bolas.

[370] *jubón*: vestido ajustado al cuerpo que se usaba antiguamente.

[371] *cuera*: prenda que se ponía sobre el jubón.

por galas costosas,
invenciones nuevas.
Desde su balcón   65
me vio una doncella [372]
con el pecho blanco
y la ceja negra.
Dejose burlar,
caseme con ella,   70
que es bien que se paguen
tan honrosas deudas.
Supo mi delito
aquella morena [373]
que reinaba en Troya   75
cuando fue mi reina. [374]
Hizo de mis cosas
una grande hoguera,
tomando venganzas
en plumas y letras."   80

---

[372] *una doncella*: alusión a Isabel de Urbina (*Belisa* en los versos), con la que se casó Lope en 1588.

[373] *aquella morena*: Elena Osorio, amante de Lope entre 1583 y 1588, aproximadamente.

[374] La amante de Lope se llamaba como la reina griega raptada por Paris y llevada a Troya. Los griegos, para vengar la afrenta de Menelao, sitiaron y destruyeron la ciudad. Lope se compara con la desdichada Troya, ya que él también sufrió, por el amor de Elena, cárcel y destierro.

El robo de Dina

86

[*Maya*]

En las mañanicas
del mes de mayo
cantan los ruiseñores,
retumba el campo.

En las mañanicas,   5
como son frescas,
cubren ruiseñores
las alamedas.

Ríense las fuentes
tirando perlas   10
a las florecillas
que están más cerca.

Vístense las plantas
de varias sedas,
que sacar colores   15
poco les cuesta.

Los campos alegran
tapetes varios,
cantan los ruiseñores,
retumba el campo.   20

Lo cierto por lo dudoso

87

Río de Sevilla,
¡cuán bien pareces,
con galeras blancas
y remos verdes!

El amante agradecido

88

Vienen de Sanlúcar,
rompiendo el agua,
a la Torre del Oro,
barcos de plata.

Amar, servir y esperar

89

Barcos enramados
van a Triana,
el primero de todos
me lleva el alma.

Santiago el Verde

90

Manzanares claro,
río pequeño,
por faltarle el agua,
corre con fuego.

Rimas

91
Soneto CXXVI

Desmayarse, atreverse, estar furioso,
áspero, tierno, liberal, esquivo,
alentado, mortal, difunto, vivo,
leal, traidor, cobarde y animoso;
   no hallar fuera del bien centro y reposo, 5

mostrarse alegre, triste, humilde, altivo,
enojado, valiente, fugitivo,
satisfecho, ofendido, receloso;
   huir el rostro al claro desengaño,
beber veneno por licor suave,   10
olvidar el provecho, amar el daño;
   creer que un cielo en un infierno cabe,
dar la vida y el alma a un desengaño:
esto es amor: quien lo probó, lo sabe.

92
Soneto CXXVII

   Con una risa entre los ojos bellos
bastante a serenar los accidentes
de los cuatro elementos diferentes
cuando muestra el amor del alma en ellos;
   con dulce lengua y labios, que por ellos   5
muestra los blancos y menudos dientes,
con palabras tan graves y prudentes
que es gloria oíllas si es descanso vellos;
   con vivo ingenio y tono regalado, [375]
con clara voz y, pocas veces, mucha,   10
con poco afecto y con serena calma;
   con un descuido en el mayor cuidado
habla Lucinda. ¡Triste del que escucha,
pues no le puede responder con alma!

---

[375] *regalado:* agradable, grato al oído.

93
Soneto CXXXIII

Ya no quiero más bien que solo amaros,
ni más vida, Lucinda, que ofreceros
la que me dais, cuando merezco veros,
ni ver más luz que vuestros ojos claros.

Para vivir me basta desearos,   5
para ser venturoso conoceros,
para admirar el mundo engrandeceros
y para ser Eróstrato,[376] abrasaros.

La pluma y lengua, respondiendo a coros,
quieren al cielo espléndido subiros,   10
donde están los espíritus más puros;

que entre tales riquezas y tesoros,
mis lágrimas, mis versos, mis suspiros
de olvido y tiempo vivirán seguros.

94
Soneto CLXXXVIII[377]

Suelta mi manso, mayoral extraño,
pues otro tienes de tu igual decoro;
deja la prenda que en el alma adoro,
perdida por tu bien y por mi daño.

Ponle su esquila de labrado estaño,   5

---

[376] *Eróstrato*: personaje de la antigüedad que, para conseguir la fama, quemó el templo de Diana en Éfeso, una de las siete maravillas del mundo.

[377] Este soneto es una versión en clave pastoril del final de los amores de Lope y Elena Osorio. El mayoral representa al poderoso señor (sobrino del cardenal Granvela, consejero de Felipe II) que se interpuso entre el poeta y la actriz.

y no le engañen tus collares de oro;
toma en albricias[378] este blanco toro,
que a las primeras yerbas cumple un año.

  Si pides señas, tiene el vellocino[379]
pardo encrespado, y los ojuelos tiene   10
como durmiendo en regalado sueño.

  Si piensas que no soy su dueño, Alcino,
suelta y verasle si a mi choza viene:
que aún tienen sal las manos de su dueño.

Pastores de Belén

95

Las pajas del pesebre,
niño de Belén,
hoy son flores y rosas,
mañana serán hiel.

  Lloráis entre las pajas   5
de frío que tenéis,
hermoso niño mío,
y de calor también.

  Dormid, cordero santo;
mi vida, no lloréis,   10
que si os escucha el lobo,
vendrá por vos, mi bien.
Dormid entre las pajas,
que aunque frías las veis,
hoy son flores y rosas,   15
mañana serán hiel.

---

[378] *albricias:* regalo que se da al que trae una buena noticia.
[379] *vellocino:* la piel del cordero.

Las que para abrigaros
tan blandas hoy se ven
serán mañana espinas
en corona cruel.   20

   Mas no quiero deciros,
aunque vos lo sabéis,
palabras de pesar
en días de placer.
Que aunque tan grandes deudas   25
en pajas las cobréis,
hoy son flores y rosas,
mañana serán hiel.

   Dejad el tierno llanto,
divino Emanuel,   30
que perlas entre pajas
se pierden sin por qué.
No piense vuestra madre
que ya Jerusalén
previene sus dolores,   35
y llore con Josef.
Que aunque pajas no sean
corona para rey,
hoy son flores y rosas,
mañana serán hiel.   40

Rimas sacras

96
Soneto XVIII

¿Qué tengo yo, que mi amistad procuras?
¿Qué interés se te sigue, Jesús mío,
que a mi puerta cubierto de rocío
pasas las noches del invierno escuras?

¡Oh cuánto fueron mis entrañas duras,   5
pues no te abrí! ¡Qué extraño desvarío,
si de mi ingratitud el hielo frío
secó las llagas de tus plantas puras!

¡Cuántas veces el Ángel me decía:
"Alma, asómate agora a la ventana.   10
Verás con cuánto amor llamar porfía"!

¡Y cuántas, hermosura soberana,
"Mañana le abriremos", respondía,
para lo mismo responder mañana!

La Circe

97
Al doctor Matías de Porras
Epístola quinta

Ya, en efeto, pasaron las fortunas[380]
de tanto mar de amor, y vi mi estado
tan libre de sus iras importunas,   75

---

[380] *fortunas:* "tormentas". En el siglo XVII la palabra *fortuna* no siempre tenía las connotaciones positivas que hoy le atribuimos.

cuando amorosa amaneció a mi lado
la honesta cara de mi dulce esposa, [381]
sin tener de la puerta algún cuidado, [382]

cuando Carlillos, de azucena y rosa
vestido el rostro, el ama me traía,   80
contando por donaire alguna cosa.

Con este sol y aurora me vestía,
retozaba el muchacho, como en prado
cordero tierno al prólogo del día.

Cualquiera desatino mal formado   85
de aquella media lengua era sentencia,
y el niño a besos de los dos traslado.

Dábale gracias a la eterna ciencia,
alteza de riquezas soberanas,
determinado mal a breve ausencia; [383]   90

y contento de ver tales mañanas,
después de tantas noches tan escuras,
lloré tal vez mis esperanzas vanas;

y teniendo las horas más seguras,
no de la vida, mas de haber llegado   95
a estado de lograr tales venturas,

íbame desde allí con el cuidado
de alguna línea más, donde escribía,
después de haber los libros consultado.

Llamábanme a comer; tal vez decía   100

---

[381] Alude a su segunda mujer, Juana de Guardo, madre de su hijo Carlos Félix, al que se referirá enseguida.

[382] Contrasta la plácida vida matrimonial con la inquietud de las pasadas aventuras amorosas.

[383] *determinado... breve ausencia*: el poeta no deseaba vivir apartado, ni aun por poco tiempo, de su mujer y sus hijos: estaba poco dispuesto (*mal determinado*) a ausentarse ni siquiera por un tiempo breve.

que me dejasen, con algún despecho:
así el estudio vence, así porfía.

Pero de flores y de perlas hecho,
entraba Carlos a llamarme, y daba
luz a mis ojos, brazos a mi pecho.   105

Tal vez que de la mano me llevaba,
me tiraba del alma, y a la mesa,
al lado de su madre, me sentaba.

Allí, doctor, donde el cuidado cesa,
y el ginovés discreto[384] cerrar manda,   110
que aun una carta recebir le pesa,

sin ver en pie por una y otra banda
tanto criado, sin la varia gente
que aquí y allí con los servicios anda;

sin ver el maestresala diligente,   115
y el altar de la gula,[385] cuyas gradas
viste el cristal y la dorada fuente;

sin tantas ceremonias tan cansadas
(si bien confieso el lustre a la grandeza,
y el ser las diferencias respetadas),   120

nos daba honesta y liberal pobreza
el sustento bastante; que con poco
se suele contentar naturaleza.

Pero en aqueste bien (¡ay Dios, cuán loco
debe de ser quien tiene confianza,   125
por quien a justo llanto me provoco,

---

[384] El *ginovés discreto* es símbolo de la vida burguesa. Los genoveses eran banqueros y comerciantes en la España del siglo XVII; llevaban una vida sin ostentación pero cómoda.

[385] *el altar de la gula*: la mesa lujosamente ataviada y abastecida con todo género de viandas.

en bienes tan sujetos a mudanza!)
me quitó de las manos muerte fiera
el descanso, el remedio y la esperanza.

Yo vi para no verla (¡quién pudiera   130
volverla a ver!) mi dulce compañía,
que imaginaba yo que eterna fuera.

La Dorotea

98

A mis soledades voy,
de mis soledades vengo,
porque para andar conmigo
me bastan mis pensamientos.

No sé qué tiene el aldea   5
donde vivo, y donde muero,
que con venir de mí mismo,
no puedo venir más lejos.

Ni estoy bien ni mal conmigo;
mas dice mi entendimiento   10
que un hombre que todo es alma
está cautivo en su cuerpo.

Entiendo lo que me basta,
y solamente no entiendo
cómo se sufre a sí mismo   15
un ignorante soberbio. [386]

De cuantas cosas me cansan,
fácilmente me defiendo;

---

[386] Este verso y los que siguen parecen ser un ataque a sus enemigos literarios de la última época y, de manera especial, a José Pellicer y Tovar, joven literato al que Felipe IV dio el puesto de cronista real que Lope había solicitado.

pero no puedo guardarme
de los peligros de un necio.   20

    Él dirá que yo lo soy,
pero con falso argumento;
que humildad y necedad
no caben en un sujeto.

    La diferencia conozco,   25
porque en él y en mí contemplo
su locura en su arrogancia,
mi humildad en mi desprecio.

    O sabe naturaleza
más que supo en este tiempo,   30
o tantos que nacen sabios
es porque lo dicen ellos.

    "Solo sé que no sé nada",
dijo un filósofo, haciendo
la cuenta con su humildad,   35
adonde lo más es menos.

    No me precio de entendido,
de desdichado me precio;
que los que no son dichosos,
¿cómo pueden ser discretos?   40

    No puede durar el mundo,
porque dicen, y lo creo,
que suena a vidro quebrado
y que ha de romperse presto.

    Señales son del juicio   45
ver que todos le perdemos, [387]

---

[387] El poeta juega con dos significados de la palabra *juicio*. Primero alude al Juicio final, con el que, según la Biblia, acabará el mundo, y más tarde, a la cordura, la sensatez que parece faltar en la sociedad.

unos por carta de más,
otros por carta de menos.

Dijeron que antiguamente
se fue la verdad al cielo: 50
tal la pusieron los hombres,
que desde entonces no ha vuelto.

En dos edades vivimos
los propios y los ajenos:
la de plata los extraños, 55
y la de cobre los nuestros. [388]

¿A quién no dará cuidado,
si es español verdadero,
ver los hombres a lo antiguo,
y el valor a lo moderno? 60

Todos andan bien vestidos,
y quéjanse de los precios,
de medio arriba romanos,
de medio abajo romeros. [389]

Dijo Dios que comería 65
su pan el hombre primero
en el sudor de su cara
por quebrar su mandamiento;
y algunos, inobedientes
a la vergüenza y al miedo, 70
con las prendas de su honor

---

[388] Se refiere a las devaluaciones de las monedas de cobre durante el reinado de Felipe IV.

[389] El contraste entre *romanos* (armados y bien pertrechados) y *romeros* (vestidos miserablemente, como los que emprendían largas peregrinaciones y vivían de limosna) refleja la realidad social y política de la España de Felipe IV, que oscilaba entre el gasto ostentoso y la pobreza de la vida cotidiana.

han trocado los efetos.

    Virtud y filosofía
peregrinan como ciegos;
el uno se lleva al otro,   75
llorando van y pidiendo.

    Dos polos tiene la tierra,
universal movimiento:
la mejor vida, el favor;[390]
la mejor sangre, el dinero.   80

    Oigo tañer las campanas,
y no me espanto, aunque puedo,
que en lugar de tantas cruces[391]
haya tantos hombres muertos.

    Mirando estoy los sepulcros,   85
cuyos mármoles eternos
están diciendo sin lengua
que no lo fueron sus dueños.

    ¡Oh! ¡Bien haya quien los hizo,
porque solamente en ellos   90
de los poderosos grandes
se vengaron los pequeños!

    Fea pintan a la envidia;
yo confieso que la tengo
de unos hombres que no saben   95
quién vive pared en medio.

    Sin libros y sin papeles,
sin tratos, cuentas ni cuentos,
cuando quieren escribir,

---

[390] *favor*: protección de los poderosos.
[391] *tantas cruces*: alusión a los caballeros de las órdenes militares, que llevaban una cruz en el pecho como distintivo.

piden prestado el tintero.   100
   Sin ser pobres ni ser ricos,
tienen chimenea y huerto;
no los despiertan cuidados,
ni pretensiones ni pleitos,
   ni murmuraron del grande,   105
ni ofendieron al pequeño;
nunca, como yo, firmaron
parabién, ni pascuas dieron. [392]
   Con esta envidia que digo,
y lo que paso en silencio,   110
a mis soledades voy,
de mis soledades vengo.

Rimas humanas y divinas
del licenciado Tomé de Burguillos

99
Desea afratelarse, [393] *y no le admiten*

   Muérome por llamar Juanilla a Juana,
que son de tierno amor afectos vivos,
y la cruel, con ojos fugitivos,
hace papel de yegua galiciana. [394]
   Pues, Juana, agora que eres flor temprana,   5
admite los requiebros primitivos;
porque no vienen bien diminutivos

---

[392] *parabién y pascua:* felicitaciones, cumplimientos sociales.

[393] *afratelarse:* amartelarse, intimar con una persona.

[394] *galiciana:* "gallega". Es alusión a los caballos salvajes que se crían en los montes de Galicia.

después que una persona se avellana.

Para advertir tu condición extraña,
más de alguna Juanaza de la villa   10
del engaño en que estás te desengaña.

Créeme, Juana, y llámate Juanilla;
mira que la mejor parte de España,
pudiendo Casta, se llamó Castilla.

100

Que al amor verdadero no le olvidan
el tiempo ni la muerte. [395]
Escribe en seso

Resuelta en polvo ya, mas siempre hermosa,
sin dejarme vivir vive serena
aquella luz, que fue mi gloria y pena,
y me hace guerra, cuando en paz reposa.

Tan vivo está el jazmín, la pura rosa,   5
que, blandamente ardiendo en azucena,
me abrasa el alma de memorias llena:
ceniza de su fénix amorosa. [396]

¡Oh memoria cruel de mis enojos!,
¿qué honor te puede dar mi sentimiento,   10
en polvo convertidos sus despojos?

Permíteme callar solo un momento:
que ya no tienen lágrimas mis ojos,
ni concetos de amor mi pensamiento.

---

[395] Este poema es una sentida elegía a la muerte en 1632 de Marta de Nevares, la última amante de Lope de Vega, de la que estuvo intensamente enamorado en su vejez, cuando ya era sacerdote.

[396] *fénix amorosa*: la memoria de la amada es como el ave fénix, que resucita de sus cenizas.

101

La pulga, falsamente atribuida a Lope

Picó atrevido un átomo viviente
los blancos pechos de Leonor hermosa,
granate en perlas, arador [397] en rosa,
breve lunar del invisible diente.

Ella dos puntas de marfil luciente,   5
con súbita inquietud, bañó quejosa,
y torciendo su vida bulliciosa,
en un castigo dos venganzas siente.

Al expirar, la pulga dijo: "¡Ay, triste,
por tan pequeño mal, dolor tan fuerte!"   10
"¡Oh, pulga! –dije yo–, dichosa fuiste.

Detén el alma, y a Leonor advierte
que me deje picar donde estuviste,
y trocaré mi vida con tu muerte."

---

[397] *arador*: "ácaro minúsculo que vive debajo de la piel. Se mueve y traza surcos. La cabeza es un punto más oscuro." El poeta alude con esta metáfora a la manchita que deja sobre la piel sonrosada el picotazo de la pulga.

Francisco de Quevedo
(Madrid, 1580 - Villanueva de los Infantes, 1645)

102
Salmo XVII

Miré los muros de la patria mía,[398]
si un tiempo fuertes, ya desmoronados,
de la carrera de la edad cansados,
por quien caduca ya su valentía.

Salime al campo, vi que el sol bebía   5
los arroyos del yelo desatados,
y del monte quejosos los ganados,
que con sombra hurtó su luz el día.

Entré en mi casa; vi que, amancillada,
de anciana habitación era despojos;   10
mi báculo, más corvo y menos fuerte;

vencida de la edad sentí mi espada.
Y no hallé cosa en que poner los ojos
que no fuese recuerdo de la muerte.

---

[398] *la patria mía*: la ciudad donde ha nacido; en este caso, Madrid.

103
Salmo XIX

¡Cómo de entre mis manos te resbalas!
¡Oh, cómo te deslizas, edad mía!
¡Qué mudos pasos traes, oh muerte fría,
pues con callado pie todo lo igualas!

Feroz, de tierra el débil muro escalas,   5
en quien lozana juventud se fía;
mas ya mi corazón del postrer día
atiende el vuelo, sin mirar las alas.

¡Oh condición mortal! ¡Oh dura suerte!
¡Que no puedo querer vivir mañana   10
sin la pensión de procurar mi muerte!

Cualquier instante de la vida humana
es nueva ejecución, con que me advierte
cuán frágil es, cuán misera, cuán vana.

104
Represéntase la brevedad de lo que se vive
y cuán nada parece lo que se vivió

"¡Ah de la vida!"... ¿Nadie me responde?
¡Aquí de los antaños que he vivido!
La Fortuna mis tiempos ha mordido;
las Horas mi locura las esconde.

¡Que sin poder saber cómo ni adónde   5
la salud y la edad se hayan huido!
Falta la vida, asiste lo vivido,
y no hay calamidad que no me ronde.

Ayer se fue; mañana no ha llegado;
hoy se está yendo sin parar un punto: 10

soy un fue, y un será, y un es cansado.

En el hoy y mañana y ayer, junto
pañales y mortaja, y he quedado
presentes sucesiones de difunto.

105
Amor impreso en el alma, que dura después de las cenizas

Si hija de mi amor mi muerte fuese,
¡qué parto tan dichoso que sería
el de mi amor contra la vida mía!
¡Qué gloria que el morir de amar naciese!

Llevara yo en el alma adonde fuese   5
el fuego en que me abraso, y guardaría
su llama fiel con la ceniza fría
en el mismo sepulcro en que durmiese.

De esotra parte de la muerte dura,
vivirán en mi sombra mis cuidados,   10
y más allá del Lethe [399] mi memoria.

Triunfará del olvido tu hermosura;
mi pura fe y ardiente, de los hados;
y el no ser, por amar, será mi gloria.

106
Retrato de Lisi que traía en una sortija

En breve cárcel traigo aprisionado,
con toda su familia [400] de oro ardiente,

---

[399] *Lethe*: el Leteo, río mitológico que tenían que cruzar las almas en su paso hacia el Hades o reino de ultratumba. Sus aguas hacían perder la memoria de lo vivido.

[400] *familia*: servidumbre, acompañamiento.

el cerco de la luz resplandeciente,
y grande imperio del Amor cerrado.

    Traigo el campo que pacen estrellado   5
las fieras altas de la piel luciente,[401]
y a escondidas del cielo y del Oriente,
día de luz y parto mejorado.

    Traigo todas las Indias[402] en mi mano,
perlas que, en un diamante, por rubíes,   10
pronuncian con desdén sonoro yelo,

     y razonan tal vez fuego tirano
relámpagos de risa carmesíes,
auroras, gala y presunción del cielo.

107
Amor constante más allá de la muerte

    Cerrar podrá mis ojos la postrera
sombra que me llevare el blanco día
y podrá desatar esta alma mía
hora a su afán ansioso lisonjera;[403]

    mas no, de esotra parte, en la ribera,   5
dejará la memoria, en donde ardía:
nadar sabe mi llama la agua fría,
y perder el respeto a ley severa.

    Alma a quien todo un dios prisión ha sido,
venas que humor a tanto fuego han dado,   10

---

[401] *las fieras altas…*: los signos del Zodíaco.

[402] *las Indias*: "América". Quiere decir que, al tener en la mano el retrato de Lisi, es como si tuviera en ella todas las riquezas del Nuevo Mundo.

[403] *lisonjera*: "que agrada y deleita". La hora de la muerte es agradable para el ansia del amante.

medulas que han gloriosamente ardido,
  su cuerpo dejará, no su cuidado;
serán ceniza, mas tendrán sentido;
polvo serán, mas polvo enamorado.

108
Poderoso caballero
es don Dinero

  Madre, yo al oro me humillo;
él es mi amante y mi amado,
pues, de puro enamorado,
de continuo anda amarillo;
que pues, doblón o sencillo,   5
hace todo cuanto quiero,
poderoso caballero
es don Dinero.

  Nace en las Indias honrado
donde el mundo le acompaña,   10
viene a morir en España,
y es en Génova enterrado. [404]
Y pues quien le trae al lado
es hermoso, aunque sea fiero,
poderoso caballero   15
es don Dinero.

  Es galán y es como un oro,
tiene quebrado el color,
persona de gran valor,
tan cristiano como moro.   20

---

[404] Alusión a los banqueros genoveses, que prestaban dinero a la corona española y lo cobraban cuando llegaban las riquezas americanas.

Pues que da y quita el decoro
y quebranta cualquier fuero,
poderoso caballero
es don Dinero.

　　Son sus padres principales,　　　　　　　　25
y es de nobles descendiente,
porque en las venas de Oriente
todas las sangres son reales;
y pues es quien hace iguales
al duque y al ganadero,　　　　　　　　　　30
poderoso caballero
es don Dinero.

　　Mas ¿a quién no maravilla
ver en su gloria sin tasa
que es lo menos de su casa　　　　　　　　35
doña Blanca de Castilla?[405]
Pero, pues da al bajo silla
y al cobarde hace guerrero,
poderoso caballero
es don Dinero.　　　　　　　　　　　　40

　　Sus escudos de armas nobles
son siempre tan principales,
que sin sus escudos[406] reales
no hay escudos de armas dobles;
y pues a los mismos robles　　　　　　　45
da codicia su minero,

---

[405] Juego de palabras entre la *blanca,* una moneda de muy escaso valor, y la reina doña Blanca, mujer de Pedro I el Cruel.

[406] Juego de palabras entre las diversas acepciones de *escudos:* "arma defensiva", "insignia de las casas aristocráticas" y "moneda".

poderoso caballero
es don Dinero.

    Por importar en los tratos
y dar tan buenos consejos,   50
en las casas de los viejos
gatos le guardan de gatos. [407]
Y pues él rompe recatos
y ablanda al juez más severo,
poderoso caballero   55
es don Dinero.

    Y es tanta su majestad
(aunque son sus duelos hartos),
que con haberle hecho cuartos, [408]
no pierde su autoridad;   60
pero, pues da calidad
al noble y al pordiosero,
poderoso caballero
es don Dinero.

    Nunca vi damas ingratas   65
a su gusto y afición;
que a las caras de un doblón
hacen sus caras baratas.
Y pues las hace bravatas
desde una bolsa de cuero,   70
poderoso caballero
es don Dinero.

---

[407] El poeta juega con dos significados de *gatos:* "bolsas para guardar dinero, hechas de piel de gato" y "ladrones".

[408] Juego de palabras entre *hacer cuartos* ("descuartizar el cadáver de los delincuentes para que sirva de escarmiento") y *cuartos* ("monedas de poco valor").

Más valen en cualquier tierra
(¡mirad si es harto sagaz!)
sus escudos en la paz   75
que rodelas [409] en la guerra.
Y pues al pobre le entierra
y hace propio al forastero,
poderoso caballero
es don Dinero.   80

109
A un hombre de gran nariz

Érase un hombre a una nariz pegado,
érase una nariz superlativa,
érase una alquitara [410] medio viva,
érase un peje [411] espada mal barbado;
     era un reloj de sol mal encarado,   5
érase un elefante boca arriba,
érase una nariz sayón [412] y escriba, [413]
un Ovidio Nasón [414] mal narigado.
     Érase el espolón de una galera,
érase una pirámide de Egito,   10
las doce tribus de narices era; [415]

---

[409] *rodela*: escudo redondo para proteger el pecho del que lucha.

[410] *alquitara*: alambique, tubo para destilar licores.

[411] *peje*: pez.

[412] *sayón*: "verdugo" y "cofrade que sale en la Semana Santa, con un vestido largo y negro". Quevedo se refiere a los que representan las figuras de los judíos que maltratan a Cristo en las procesiones.

[413] *escriba*: doctor o intérprete de la ley entre los judíos.

[414] Ovidio Nasón es un célebre poeta latino de la época de Augusto. Quevedo juega con el significado de su nombre familiar: *Nasón* ("narigudo").

[415] Alude a las doce tribus de Israel, de acuerdo con la creencia popular de que los judíos se caracterizan por tener una nariz muy larga.

érase un naricísimo infinito,
frisón[416] archinariz, caratulera,
sabañón garrafal,[417] morado y frito.

IIO
Prefiere la hartura y sosiego mendigo a la inquietud magnífica de los poderosos

Mejor me sabe en un cantón[418] la sopa,
y el tinto con la mosca y la zurrapa,[419]
que al rico, que se engulle todo el mapa,
muchos años de vino en ancha copa.

Bendita fue de Dios la poca ropa,   5
que no carga los hombros y los tapa;
más quiero menos sastre que más capa:
que hay ladrones de seda, no de estopa.

Llenar, no enriquecer, quiero la tripa;
lo caro trueco a lo que bien me sepa: 10
somos Píramo y Tisbe[420] yo y mi pipa.

Más descansa quien mira que quien trepa;
regüeldo yo cuando el dichoso hipa,
él asido a Fortuna, yo a la cepa.

---

[416] *frisón*: raza de caballos muy corpulentos, originarios de la región de Frisia, en Holanda.

[417] *garrafal*: muy grande, enorme.

[418] *cantón*: esquina de un edificio.

[419] *zurrapa*: sedimentos e impurezas del vino.

[420] Píramo y Tisbe son dos célebres y desdichados amantes de la antigüedad.

III
[*Contra don Luis de Góngora*]

Yo te untaré mis obras con tocino,
por que no me las muerdas, Gongorilla, [421]
perro de los ingenios de Castilla,
docto en pullas, [422] cual mozo de camino.

Apenas hombre, sacerdote indino,   5
que aprendiste sin christus [423] la cartilla;
chocarrero de Córdoba y Sevilla,
y, en la Corte, bufón a lo divino.

¿Por qué censuras tú la lengua griega
siendo solo rabí [424] de la judía,   10
cosa que tu nariz aun no lo niega? [425]

No escribas versos más, por vida mía;
aunque aquesto de escribas se te pega,
por tener de sayón la rebeldía.

---

[421] Alude maliciosamente al supuesto origen judío de Góngora. Para evitar que *muerda* ("critique, murmure") sus versos, bastará untarlos con tocino, dada la repugnancia que los judíos sienten por la carne de cerdo.

[422] *pullas*: insultos, más o menos ingeniosos, que en broma se lanzaban los viajeros que se cruzaban en un camino.

[423] *christus*: "cristus, la cruz con que empezaban las cartillas donde los niños aprendían a leer". Nueva alusión al origen judío.

[424] *rabí*: sabio en la religión judaica.

[425] Se refiere a la nariz, larga y aguileña, que el tópico vulgar atribuye a los judíos. La de Góngora sí tenía esa forma. En los versos que siguen el poeta juega con alusiones al mundo judaico, ya anotadas en el poema núm. 109.

II2
Refiere su nacimiento y la propriedades que le comunicó

"Pariome adrede mi madre,
¡ojalá no me pariera!,
aunque estaba cuando me hizo,
de gorja[426] Naturaleza.

Dos maravedís[427] de luna   5
alumbraban a la tierra;
que, por ser yo el que nacía,
no quiso que un cuarto fuera.

Nací tarde, porque el sol
tuvo de verme vergüenza,   10
en una noche templada,
entre clara y entre yema.

Un miércoles con un martes
tuvieron grande revuelta,
sobre que ninguno quiso   15
que en sus términos naciera.

Nací debajo de Libra,
tan inclinado a las pesas,[428]
que todo mi amor le fundo
en las madres vendederas.[429]   20

Diome el León su cuartana,[430]
diome el Escorpión su lengua,

---

[426] *de gorja*: de broma, de francachela.

[427] *dos maravedís*: "la mitad de un cuarto". El maravedí era una moneda de cobre antigua que equivalía a una cuarta parte del cuarto.

[428] *tan inclinado a las pesas*: aficionado al comercio.

[429] *las madres vendederas*: las mujeres que regentaban los prostíbulos.

[430] *cuartana*: "fiebre intermitente que se reproduce cada cuatro días". Se creía erróneamente que la padecían los leones.

Virgo, el deseo de hallarle,
y el Carnero su paciencia.

Murieron luego mis padres;   25
Dios en el cielo los tenga,
por que no vuelvan acá,
y a engendrar más hijos vuelvan.

Tal ventura desde entonces
me dejaron los planetas,   30
que puede servir de tinta,
según ha sido de negra.

Porque es tan feliz mi suerte,
que no hay cosa mala o buena
que, aunque la piense de tajo,[431]   35
al revés[432] no me suceda.

De estériles soy remedio,
pues, con mandarme su hacienda,
les dará el cielo mil hijos,
por quitarme las herencias.   40

Y para que vean los ciegos,
pónganme a mí a la vergüenza;[433]
y para que cieguen todos,
llévenme en coche o litera.

Como a imagen de milagros[434]   45
me sacan por las aldeas:

---

[431] *tajo*: "golpe que se da con la espada de arriba abajo y de derecha a izquierda"; es el más violento y eficaz.

[432] Juega con el significado de *al revés* ("al contrario") y *revés* ("golpe que se da con la espada de abajo arriba").

[433] *poner a la vergüenza*: sacar a un delincuente para que la gente lo vea y conozca su delito.

[434] *imagen de milagros*: estatuas de los santos a los que se atribuyen milagros.

si quieren sol, abrigado,
y desnudo, por que llueva.

    Cuando alguno me convida,
no es a banquetes ni a fiestas,   50
sino a los misacantanos, [435]
para que yo les ofrezca.

    De noche soy parecido
a todos cuantos esperan
para molerlos a palos,   55
y así, inocente, me pegan.

    Aguarda hasta que yo pase,
si ha de caerse, una teja;
aciértanme las pedradas,
las curas solo me yerran.   60

    Si a alguno pido prestado,
me responde tan a secas,
que, en vez de prestarme a mí,
me hace prestar paciencia.

    No hay necio que no me hable,   65
ni vieja que no me quiera,
ni pobre que no me pida,
ni rico que no me ofenda.

    No hay camino que no yerre,
ni juego donde no pierda,   70
ni amigo que no me engañe,
ni enemigo que no tenga.

    Agua me falta en el mar,
y la hallo en las tabernas:

---

[435] *misacantano*: "el que celebra misa por vez primera"; era costumbre
ofrecerle algún regalo.

que mis contentos y el vino 75
son aguados dondequiera.

Dejo de tomar oficio,
porque sé por cosa cierta
que, en siendo yo calcetero,
andarán todos en piernas. [436] 80

Si estudiara medicina,
aunque es socorrida ciencia,
por que no curara yo,
no hubiera persona enferma.

Quise casarme estotro año, 85
por sosegar mi conciencia,
y dábanme un dote al diablo [437]
con una mujer muy fea.

Si intentara ser cornudo
por comer de mi cabeza, 90
según soy de desgraciado,
diera mi mujer en buena.

Siempre fue mi vecindad
malcasados que vocean,
herradores que madrugan, 95
herreros que me desvelan.

Si yo camino con fieltro,
se abrasa en fuego la tierra;
y en llevando guardasol,
está ya de Dios que llueva. 100

Si hablo a alguna mujer

---

[436] *en piernas*: con las piernas al aire, sin medias.

[437] El poeta juega con la expresión *darse al diablo* ("desesperarse") y con la insinuación de que el dinero de la dote había de hacerlo efectivo el diablo, es decir, no lo iba a pagar nadie.

y la digo mil ternezas,
o me pide, o me despide,
que en mí es una cosa mesma.

En mí lo picado es roto;   105
ahorro, cualquier limpieza; [438]
cualquiera bostezo es hambre;
cualquiera color, vergüenza.

Fuera un hábito en mi pecho
remiendo sin resistencia, [439]   110
y peor que besamanos
en mí cualquiera encomienda. [440]

Para que no estén en casa
los que nunca salen de ella,
buscarlos yo solo basta,   115
pues con eso estarán fuera.

Si alguno quiere morirse
sin ponzoña o pestilencia,
proponga hacerme algún bien,
y no vivirá hora y media.   120

Y a tanto vino a llegar
la adversidad de mi estrella,
que me inclinó que adorase

---

[438] Cualquier cuidado que pone en sus cosas se interpreta como manifestación de tacañería.

[439] Si llevara una cruz, insignia de los caballeros de las órdenes militares, nadie se resistiría a pensar que, en realidad, era un remiendo para cubrir un roto del vestido.

[440] Quevedo juega con el doble significado de *encomienda*: "dignidad de las órdenes militares que llevaba aparejadas unas rentas, a veces muy cuantiosas" y "saludos, recuerdos que se envían al que está ausente". Al encargarle a alguien que trasmitiera los saludos, se solía decir "Beso las manos a…". El personaje de nuestro romance no puede esperar más encomiendas que estos protocolarios besamanos.

con mi humildad tu soberbia.

Y viendo que mi desgracia 125
no dio lugar a que fuera,
como otros, tu pretendiente,
vine a ser tu pretenmuela.

Bien sé que apenas soy algo;
mas tú, de puro discreta, 130
viéndome con tantas faltas, [441]
que estoy preñado sospechas."

Aquesto Fabio cantaba
a los balcones y rejas
de Aminta, que aun de olvidarle 135
le han dicho que no se acuerda.

113

Carta de Escarramán a la Méndez

Ya está guardado en la trena
tu querido Escarramán,
que unos alfileres vivos [442]
me prendieron sin pensar.

Andaba a caza de gangas, [443] 5
y grillos [444] vine a cazar,
que en mí cantan como en haza
las noches de por San Juan.

---

[441] Juega con el doble sentido de *faltas:* "defectos" y "ausencia de menstruación".

[442] *alfileres vivos:* "alguaciles, agentes de la justicia", porque prenden a los delincuentes.

[443] *andar a caza de gangas:* pretender conseguir algo sin esfuerzo.

[444] *grillos:* grilletes.

Entrándome en la bayuca. [445]
llegándome a remojar   10
cierta pendencia mosquito, [446]
que se ahogó en vino y pan,
    al trago sesenta y nueve,
que apenas dije "Allá va",
me trujeron en volandas   15
por medio de la ciudad.

    Como al ánima del sastre
suelen los diablos llevar, [447]
iba en poder de corchetes
tu desdichado jayán. [448]   20
    Al momento me embolsaron,
para más seguridad,
en el calabozo fuerte
donde los godos [449] están.

    Hallé dentro a Cardeñoso,   25
hombre de buena verdad,
manco de tocar las cuerdas,
donde no quiso cantar. [450]

---

[445] *bayuca*: taberna.

[446] *pendencia mosquito*: "disputa que se queda en las palabras y que se acaba con los contendientes tomando copas". Muere como los mosquitos cuando se ahogan en el vino.

[447] Los sastres tenían fama de ladrones, porque sisaban el paño del que hacían los vestidos. Por eso, se decía que, al morir, los diablos se apresuraban a llevar sus almas al infierno.

[448] *jayán*: jaque, rufián.

[449] *los godos*: los nobles, los de más importancia.

[450] Es una broma cruel sobre la tortura que había sufrido Cardeñoso. Le habían descoyuntado los brazos, estirándolos con unas cuerdas, para que confesara sus delitos. Juega con la expresión *estar manco de tocar las cuerdas*: "ser un experto tocando la guitarra u otros instrumentos similares".

Remolón fue hecho cuenta
de la sarta de la mar, [451]   30
porque desabrigó [452] a cuatro
de noche en el Arenal.

Su amiga la Coscolina
se acogió con Cañamar,
aquel que, sin ser San Pedro,   35
tiene llave universal. [453]

Lobrezno está en la capilla.
Dicen que le colgarán,
sin ser día de su santo,
que es muy bellaca señal. [454]   40

Sobre el pagar la patente [455]
nos venimos a encontrar
yo y Perotudo el de Burgos:
acabose la amistad.

Hizo en mi cabeza tantos [456]   45
un jarro, que fue orinal,
y yo con medio cuchillo
le trinché medio quijar.

Supiéronlo los señores,
que se lo dijo el guardián,   50

---

[451] *la sarta de la mar*: la cuerda de los presos condenados a remar en las galeras.

[452] *desabrigó*: robó la capa.

[453] *tiene llave universal*: "es ladrón, tiene una ganzúa para abrir todas las puertas", o bien "tiene poder para resolver todos los problemas".

[454] Juega con dos acepciones del verbo *colgar*: "ahorcar" y "ofrecer un regalo".

[455] *patente*: pago que los demás presos exigen a los nuevos cuando llegan a la cárcel.

[456] *tantos*: trozos, pedazos.

gran saludador de culpas,
un fuelle [457] de Satanás.

Y otra mañana a las once,
víspera de San Millán,
con chilladores delante   55
y envaramiento detrás, [458]
    a espaldas vueltas me dieron
el usado centenar, [459]
que sobre los recibidos
son ochocientos y más.   60

    Fui de buen aire a caballo,[460]
la espalda de par en par,[461]
cara como del que prueba
cosa que le sabe mal;
    inclinada la cabeza   65
a monseñor cardenal,
que el rebenque, sin ser papa,
cría por su potestad. [462]

    A puras pencas se han vuelto
cardo mis espaldas ya; [463]   70

---

[457] *fuelle*: soplón.

[458] Quevedo parodia un romance tradicional, el de Melisendra, del que toma el tono épico y los versos 55 y 56.

[459] *a espaldas vueltas... centenar*: le dieron cien latigazos en la espalda.

[460] *a caballo*: en el burro con el que paseaban a los condenados por las calles mientras los azotaban.

[461] *la espalda de par en par*: desnuda y, quizá, abierta por los latigazos.

[462] Juego de palabras con las dos acepciones de *cardenal*: "moratón, hematoma", hecho por el látigo (*rebenque*), y "dignidad de la iglesia", nombrada por el papa.

[463] Juego con las dos acepciones de *pencas*: "tira de cuero con que se forma el látigo" y "parte ancha y carnosa de las hojas de ciertas plantas, como los cardos".

por eso me hago de pencas [464]
en el decir y el obrar.

Agridulce fue la mano;
hubo azote garrafal; [465]
el asno era una tortuga,   75
no se podía menear.

Solo lo que tenía bueno
ser mayor que un dromedal, [466]
pues me vieron en Sevilla
los moros de Mostagán. [467]   80

No hubo en todos los ciento
azote que echar a mal;
pero a traición me los dieron:
no me pueden agraviar.

Por que el pregón se entendiera   85
con voz de más claridad,
trujeron por pregonero
las sirenas de la mar.

Invíanme por diez años
(¡sabe Dios quién los verá!)   90
a que, dándola de palos,
agravie toda la mar. [468]

Para batidor del agua
dicen que me llevarán,
y a ser de tanta sardina   95
sacudidor y batán.

---

[464] *me hago de pencas*: me resisto a conceder lo que se me pide.
[465] *garrafal*: enorme.
[466] *dromedal*: dromedario.
[467] *Mostagán*: ciudad de Marruecos.
[468] Expresión humorística para decir que lo han mandado a remar en galeras.

Si tienes honra, la Méndez,
si me tienes voluntad,
forzosa ocasión es esta
en que lo puedes mostrar.   100

    Contribúyeme con algo,
pues es mi necesidad
tal, que tomo del verdugo
los jubones[469] que me da;

    que tiempo vendrá, la Méndez,   105
que alegre te alabarás
que a Escarramán por tu causa
le añudaron el tragar.[470]

    A la Pava del cercado,
a la Chirinos, Guzmán,   110
a la Zolla y a la Rocha,
a la Luisa y la Cerdán;

    a mama y a taita el viejo,[471]
que en la guarda vuestra están,
y a toda la gurullada[472]   115
mis encomiendas[473] darás.

    Fecha en Sevilla, a los ciento
de este mes que corre ya,
el menor de tus rufianes[474]
y el mayor de los de acá.   120

---

[469] Juego de palabras con la doble acepción de *jubón*: "vestido entallado que cubre el cuerpo" y "conjunto de azotes que da el verdugo al reo".

[470] *le añudaron el tragar*: lo ahorcaron.

[471] *a mama y a taita el viejo*: posiblemente, los encargados del prostíbulo en que trabajan la Méndez y sus compañeras recién citadas.

[472] *gurullada*: conjunto de alguaciles o agentes de la autoridad.

[473] *encomiendas*: saludos.

[474] *el menor...*: parodia una expresión de cortesía y falsa modestia que se acostumbraba a usar antes de la firma: "el menor de sus criados".

Otros poetas de la Edad Barroca

Pedro Liñán de Riaza
(Toledo, 1557? - Madrid, 1607)

114

"En balde me avisas, mora, [475]
que no pase por tu calle,
pues jamás por cosa tuya
pude pasar sin pararme.
A tus ventanas me mandas   5
que no mire cuando pase,
por que lo que ojos hicieron
los mismos ojos lo paguen.
No tratar con tus cautivos
se me hace cosa grave,   10
pues por serlo todos tuyos,
no me queda con quien trate.
De preguntar en qué entiendes
no me pesa, aunque me apartes,
pues que ya lo más del tiempo   15

---

[475] Este poema es la respuesta del moro Zaide a las increpaciones que su amada le dirigía en el famoso romance "Mira, Zaide, que te aviso...", atribuido a Lope de Vega (núm. 84).

no entiendes sino en matarme.
Estas sé que son las fiestas
que más en gracia te caen
y que el color de más gusto
te sería el de mi sangre.   20
Si se te muda el color
de la cara, no te espantes,
que es justo que estés corrida
de haber sido tan mudable.
Tú me loas de valiente,   25
yo a ti de flaca y cobarde,
pues te vencieron mentiras,
a pesar de mis verdades.
Con facilidad creíste;
a mujer en todo sales,   30
pues tan presto me condenas
sin que mi descargo aguardes.
De blanco y rubio me tratas;
en el rubio te engañaste
porque no soy sino el blanco   35
terrero[476] de tus crueldades.
El alcázar te confieso
que he menester, y el alcaide,
para de ti defenderme,
más que para conservarme.   40
Solo el alcázar del pecho
a la fe se mude y pase
porque es frontera con quien

---

[476] *blanco terrero*: "objeto que se pone para disparar sobre él"; se trata
aquí de un juego de palabras con dos sentidos de *blanco*.

tu mudanza más combate. [477]

Las damas como tú son   45
las que con galanes valen
si, con discretas y hermosas,
tienen algo de constantes.
Mas con esto es bien que sepas
que las quieren de diamante,   50
que no se dejan labrar
sino es a poder de sangre. [478]
Lo que dices te dijeron
de mí, debe ser achaque [479]
para poder disculpar   55
tu mudanza con culparme,
porque no es justa razón
que tal se me levantase,
pues que nunca me loé
ni tuve de qué loarme.   60
Ni de mí era de creer
que hiciese jamás a nadie
barato de tus favores, [480]
pues que tan caros me salen."

---

[477] Siguiendo la metáfora militar usada en el romance "Mira, Zaide, que te aviso…", el protagonista argumenta que el alcázar de su pecho sí necesita cambiar, porque es como un fuerte que está en una frontera combatida constantemente por el enemigo.

[478] Se creía que la sangre era un abrasivo adecuado para facilitar la talla de los diamantes.

[479] *achaque*: excusa, pretexto.

[480] *hiciese… barato de tus favores*: "hiciese público, comunicase noticias sobre tus amores". *Hacer barato* es "vender a bajo precio una mercancía" y, en el terreno del juego de naipes, "que el ganador reparta algún dinero entre los mirones".

Esto dio por su respuesta, 65
y acabó con decir Zaide:
"Dura cosa es de sufrir
que quien no lo hace, lo pague."

115

El pastor Riselo un día
desde su estrecha cabaña
miraba sus ovejuelas
y su ventura miraba.
Igual desdicha les corre: 5
las ovejas andan flacas,
y la ventura, de corta,
muy perdida y muy escasa.
Alzó los ojos al cielo,
al sol los ojos alzaba, 10
que como entonces salía,
pudo mirarle la cara.
Miraba sus rayos de oro,
que metidos en la escarcha,
parece que brota el suelo 15
aljófar,[481] perlas y plata.
Luchando estaba el calor
con la frialdad helada;
algunas veces la vence,
y algunas vencido andaba. 20
Tras esto, vio cómo el cierzo[482]
hacia el oriente pasaba

---

[481] *aljófar*: perla irregular, de tamaño pequeño.
[482] *cierzo*: viento frío, del norte.

muchas nubes que cubrieron
al sol que el hielo ablandaba.
Llorando quedó el pastor   25
de ver que en esta mañana
su ventura y sus deseos
tienen viva semejanza:
cuando el hielo de Narcisa
con rayos de amor ablanda,   30
tristes nubes se lo estorban
de mil sospechas sin causa.
Al fin, quejoso y humilde,
envió al cielo estas palabras
(tristes suspiros las llevan   35
por que más de prisa vayan):
"Cielo, pues te llamas justo,
no dejes que el tiempo haga
tanto frío en mi pastora
y tanto ardor en mi alma."   40

LUPERCIO LEONARDO DE ARGENSOLA
(Barbastro, 1559 - Nápoles, 1613)

116
No temo los peligros del mar fiero
ni de un scita[483] la odiosa servidumbre,
pues alivia los hierros la costumbre,
y al remo grave puede hacer ligero.

---

[483] *scita*: "escita, natural de la Escitia, región del Asia antigua, cerca del mar Negro". Se utiliza muchas veces como símbolo de la barbarie.

Ni oponer este pecho por terrero[484]   5
de flechas a la inmensa muchedumbre;
ni envuelta en humo la dudosa lumbre,
ver y esperar el plomo venidero. [485]

Mal que tiene la muerte por extremo,
no le debe temer un desdichado;   10
mas antes escogerle por partido.

La sombra sola del olvido temo;
porque es como no ser un olvidado,
y no hay mal que se iguale al no haber sido.

117

Dentro quiero vivir de mi fortuna
y huir los grandes nombres que derrama
con estatuas y títulos la Fama
por el cóncavo cerco de la luna.

Si con ellos no tengo cosa alguna   5
común de las que el vulgo sigue y ama,
bástame ver común la postrer cama,
del modo que lo fue la primer cuna.

Y entre estos dos umbrales de la vida,
distantes un espacio tan estrecho,   10
que en la entrada comienza la salida,

¿qué más aplauso quiero, o más provecho,
que ver mi fe de Filis admitida,
y estar yo de la suya satisfecho?

---

[484] *terrero*: el objeto o blanco sobre el que se dispara.
[485] *venidero*: que ha de venir.

BARTOLOMÉ LEONARDO DE ARGENSOLA
(Barbastro, 1561 - Zaragoza, 1631)

118

Suelta el cabello al céfiro[486] travieso,
para que recompense, oh Cintia, un rato
de los muchos que usurpa el aparato
que le añade, no gracia, sino peso.

¡Cuánta más luz que coronado o preso   5
nos descubre ondeando sin recato!
Y dime si en las leyes del ornato
respondió al arte con tan gran suceso.

A cabellos de mal seguros reyes
ofrezcan ambiciosos resplandores   10
las ondas y las minas del Oriente;

los tuyos, ni los crespes[487] ni los dores;[488]
y pues crecieron en tan libre frente,
imiten su altivez, no guarden leyes.

119
Este soneto escribió su autor habiendo
padecido un gran desmayo

Si un afecto, Señor, puedo ofrecerte,
al culto de sus ídolos atento, [489]

---

[486] *céfiro*: viento templado de poniente.

[487] *ni los crespes*: ni los rices, ni los ensortijes.

[488] *ni los dores*: ni los cubras con oro.

[489] *al culto de sus ídolos atento*: "preocupado, interesado por los falsos valores (los ídolos) que rigen nuestra vida". El poeta, al sufrir un desmayo que parecía la misma muerte, ha comprendido que el afecto hay que ponerlo solo en Dios.

con lágrimas de amor te lo presento;
tú en víctima perfeta lo convierte.

    Que en este sueño tan intenso y fuerte,   5
de tus misericordias instrumento,
no imagen imitada es lo que siento,
sino un breve misterio de la muerte,
    en quien con ojos superiores miro
mi fábrica interior[490] escurecida.   10
Báñela aquella luz, Señor, aquella
    que inspira perfeciones a la vida;
pues permites que goce, sin perdella,
experiencias del último suspiro.

DIEGO DE SILVA Y MENDOZA, CONDE DE SALINAS
(1564 - 1630)

120

No es menester que digáis
cúyas[491] sois, mis alegrías,
que bien se ve que sois mías
en lo poco que duráis.

    Alegrías, que volando   5
sabéis pasar tan ligeras,
de entretenerme burlando
a entristecerme de veras:
decid, si aunque os lo llamáis,
siendo así sois alegrías,   10

---

[490] *fábrica interior*: el edificio, el mundo íntimo del hombre, es decir, el alma, la conciencia.

[491] *cúyas*: de quién (posesivo).

que no lo siendo, el ser mías
no es menester que digáis.

    Engaños, falsas presencias,
vanas sombras, devaneos,
ilusiones de deseos,   15
luces, lejos [492] y apariencias;
esto sois, porque sois mías,
y aunque os queráis esconder,
diréis, con no parecer, [493]
cúyas sois, mis alegrías.   20

    Pasa el bien; no el sentimiento
de verle ausente y pasado,
y queda el mal arraigado
donde estuvo el bien violento.
Lo que en mí obráis, alegrías,   25
habiéndoos tornado sueño,
no os buscara nuevo dueño,
que bien se ve que sois mías.

    Sois muy pesadas, y veo
que excedéis el mismo viento;   30
no os iguala el pensamiento,
ni os puede alcanzar deseo.
¡Oh, si el bien que al pasar dais,
de asiento como el mal fuera!
¡Oh si el mal se os pareciera   35
en lo poco que duráis!

---

[492] *lejos*: lo que se representa en los últimos planos de una pintura.

[493] *con no parecer*: con no aparecer, con desaparecer cuando se intenta disfrutar de ellas.

121

Nunca ofendí la fe con la esperanza; [494]
vivo presente en olvidada ausencia;
después de eternidades de paciencia,
no merezco quejarme de tardanza.

Soy sacrificio que arde en tu alabanza   5
—fuera morir no arder sin resistencia—,
¡oh puro amor, oh nueva quintaesencia!,
de infierno sacas bienaventuranza.

Cerca de visto y lejos de mirado, [495]
ni de agravios me vi favorecido,   10
ni tu olvido alcanzó de qué olvidarse;

tu descuido encarece mi cuidado; [496]
quererte más no puedo, ni he podido,
que esto es amarte y lo demás amarse.

[494] Se refiere a la fe amorosa, por la que se cree en la persona amada, frente a la esperanza de disfrutar de ella sexualmente. El amor que aquí se predica es platónico, puro, no contaminado por la sensualidad.

[495] El yo poético está próximo a la persona amada, que puede verlo, pero que no se ha dignado mirarlo, fijarse en él ni tan siquiera para ofenderlo u olvidarlo, como dice en los versos que siguen.

[496] El interés del amante es tanto más valioso cuanto más desinterés muestra la persona amada.

JUAN DE ARGUIJO
(Sevilla, 1567 - 1622)

122
A Dido oyendo a Eneas[497]

De la fenisa[498] reina importunado,
el teucro[499] huésped le contaba el duro
estrago que asoló el troyano muro
y echó por tierra el Ilión[500] sagrado.

Contaba la traición y no esperado   5
engaño de Sinón falso y perjuro,[501]
el derramado fuego, el humo oscuro,
y Anquises en sus hombros reservado.[502]

Contó la tempestad que embravecida
causó a sus naves lamentable daño,   10
y de Juno el rigor no satisfecho.[503]

Y mientras Dido escucha enternecida

---

[497] El poema recrea un episodio narrado por Virgilio en la *Eneida*. El protagonista, Eneas, cuenta a Dido, reina de Cartago, la destrucción de Troya y las penalidades sufridas en su peregrinación por el Mediterráneo.

[498] *fenisa*: "fenicia". Cartago nació como una colonia fenicia.

[499] *teucro*: troyano.

[500] *Ilión*: la ciudadela de Troya.

[501] Después de diez años de asedio de Troya por las tropas griegas, el soldado Sinón tuvo una idea para facilitar la conquista. Fingieron retirarse y dejaron en la playa un enorme caballo de madera en cuyo vientre se ocultaban algunos soldados. Los troyanos, incautamente, introdujeron este regalo envenenado en su ciudad. Al caer la noche, los griegos salieron de su escondite y abrieron las puertas de Troya a sus compatriotas.

[502] En medio del incendio y saqueo de Troya, Eneas salvó a su anciano padre Anquises llevándolo sobre sus hombros.

[503] Juno, esposa de Júpiter, era enemiga acérrima de los troyanos, desde que Paris eligió a Venus como más bella.

las griegas armas y el incendio extraño,
otro nuevo y mayor le abrasa el pecho.

123
[*Seguridad del varón justo*]

Aunque en soberbias ondas se revuelva
el mar, y conmovida en sus cimientos
gima la tierra, y los contrarios vientos
talen la cumbre en la robusta selva;
   aunque la ciega confusión envuelva   5
en discordia mortal los elementos,
y con nuevas señales y portentos
la máquina estrellada se disuelva;
   no desfallece ni se ve oprimido
del varón fuerte el corazón constante,   10
que su mal como ajeno considera.
   Y en la mayor adversidad, sufrido,[504]
la airada suerte con igual semblante
mira seguro y alentado espera.

FRANCISCO DE MEDRANO
(Sevilla, 1570 - 1607)

124
Ode[505] XIV

Huyó la nieve, y árboles y prados
de hoja y grama[506] se visten.

---

[504] *sufrido*: que resiste el sufrimiento.
[505] *ode*: oda.
[506] *grama*: planta herbácea.

La tierra se reveza [507] y, amenguados,
los ríos no la embisten.

El año te amonesta que no esperes   5
bienes aquí inmortales;
y el día, que arrebata los placeres
y gustos no cabales.

Amansa del ivierno [508] yerto el frío
con favonios [509] templados,   10
y el verano [510] ahuyentan del estío
los soles requemados.

Este fallece luego que el sabroso
otoño nos madura
los frutos; y el ivierno perezoso   15
por tornar se apresura.

Mas los daños del tiempo presurosas
las lunas los reparan, [511]
y restituye el céfiro las rosas
que los cierzos robaran.   20

Nós, [512] de peor condición, si tal vez una
a aquesta luz cedemos,
en qué abril, a qué viento, con qué luna
renovarnos podremos.

---

[507] *reveza*: cambia, muda.

[508] *ivierno*: invierno.

[509] *favonios*: céfiros, vientos cálidos y húmedos de poniente.

[510] *verano*: la estación que media entre la primavera y el estío (de mayo a junio).

[511] Se refiere al carácter cíclico de la naturaleza.

[512] *nós*: "nosotros", latinismo.

125

A don Juan de Arguijo, contra el artificio

Cansa la vista el artificio humano,
cuanto mayor, más presto: la más clara
fuente y jardín compuestos dan en cara [513]
que nuestro ingenio es breve y nuestra mano.

Aquel, aquel descuido soberano   5
de la Naturaleza, en nada avara,
con luenga admiración suspende y para
a quien lo advierte con sentido sano.

Ver cómo corre eternamente un río,
cómo el campo se tiende en las llanuras,   10
y en los montes se añuda y se reduce,

grandeza es siempre nueva y grata, Argío; [514]
tal, pero, es el autor que las produce:
¡oh Dios, immenso en todas sus criaturas!

ANDRÉS FERNÁNDEZ DE ANDRADA
(Sevilla, h. 1570 - Méjico?, 1648?)

126

Epístola moral a Fabio

Fabio, las esperanzas cortesanas
prisiones son do el ambicioso muere
y donde al más activo nacen canas.

El que no las limare o las rompiere,

---

[513] *dan en cara:* ponen de manifiesto.
[514] *Argío:* nombre poético de Juan de Arguijo.

ni el nombre de varón ha merecido,   5
ni subir al honor que pretendiere.

    El ánimo plebeyo y abatido
elija, en sus intentos temeroso,
primero estar suspenso que caído;

    que el corazón entero y generoso   10
al caso adverso inclinará la frente,
antes que la rodilla al poderoso.

    Más triunfos, más coronas dio al prudente,
que supo retirarse, la fortuna,
que al que esperó obstinada y locamente.   15

    Esta invasión terrible e importuna
de contrarios sucesos nos espera
desde el primer sollozo de la cuna.

    Dejémosla pasar como a la fiera
corriente del gran Betis, cuando airado   20
dilata hasta los montes su ribera.

    Aquel entre los héroes es contado
que el premio mereció, no quien le alcanza
por vanas consecuencias del estado.

    Peculio propio es ya de la privanza   25
cuanto de Astrea fue, [515] cuanto regía
con su temida espada y su balanza.

    El oro, la maldad, la tiranía
del inicuo precede [516] y pasa al bueno:
¿qué espera la virtud o qué confía?   30

    Ven y reposa en el materno seno

---

[515] *Peculio... de Astrea fue*: los bienes (*peculio*), que antes estaban en manos de la justicia (*Astrea*), han pasado a la del privado.

[516] *precede*: pasa por delante.

de la antigua Romúlea,[517] cuyo clima
te será más humano y más sereno;
 adonde, por lo menos, cuando oprima
nuestro cuerpo la tierra, dirá alguno   35
"¡Blanda le sea!", al derramarla encima;
 donde no dejarás la mesa ayuno,
cuando en ella te falte el pece[518] raro
o cuando su pavón nos niegue Juno.[519]
 Busca, pues, el sosiego dulce y caro,   40
como en la oscura noche del Egeo
busca el piloto el eminente faro;
 que si acortas y ciñes tu deseo,
dirás: "Lo que desprecio he conseguido,
que la opinión vulgar es devaneo."[520]   45
 Más quiere el ruiseñor su pobre nido
de pluma y leves pajas, más sus quejas
en el bosque repuesto[521] y escondido,
 que agradar lisonjero las orejas
de algún príncipe insigne, aprisionado   50
en el metal de las doradas rejas.
 Triste de aquel que vive destinado
a esa antigua colonia de los vicios,[522]
augur[523] de los semblantes del privado.
 Cese el ansia y la sed de los oficios,[524] 55

---

[517] *Romúlea*: Sevilla (llamada en la antigüedad Colonia Julia Rómula).
[518] *pece*: pez.
[519] El pavo real era el símbolo de Juno, esposa de Júpiter.
[520] *devaneo*: disparate, delirio.
[521] *repuesto*: apartado.
[522] Se refiere a la corte.
[523] *augur*: adivino.
[524] *oficios*: cargos.

que acepta el don, y burla del intento, [525]
el ídolo a quien haces sacrificios.

Iguala con la vida el pensamiento,
y no le pasarás [526] de hoy a mañana,
ni quizá de un momento a otro momento.   60

Casi no tienes ni una sombra vana
de nuestra grande Itálica, [527] ¿y esperas?
¡Oh error perpetuo de la suerte humana!

Las enseñas [528] grecianas, las banderas
del senado y romana monarquía,   65
murieron, y pasaron sus carreras.

¿Qué es nuestra vida más que un breve día,
do apenas sale el sol, cuando se pierde
en las tinieblas de la noche fría?

¿Qué más que el heno, a la mañana verde,   70
seco a la tarde? ¡Oh ciego desvarío!
¿Será que de este sueño se recuerde? [529]

¿Será que pueda ver que me desvío
de la vida, viviendo, y que está unida
la cauta muerte al simple vivir mío?   75

Como los ríos, que en veloz corrida
se llevan a la mar, tal soy llevado
al último suspiro de mi vida.

De la pasada edad, ¿qué me ha quedado?
O ¿que tengo yo, a dicha, en la que espero,   80

---

[525] *intento*: pretensión, aspiraciones.

[526] *le pasarás*: lo cambiarás.

[527] Las ruinas de Itálica, ciudad próxima a Sevilla, fueron durante el Barroco materia de reflexión moral.

[528] *enseña*: bandera, estandarte.

[529] *¿Será... se recuerde?*: ¿Podrá ser que se llegue a despertar de este sueño?

sin alguna noticia de mi hado?

   ¡Oh si acabase, viendo cómo muero,
de aprender a morir antes que llegue
aquel forzoso término postrero:

   antes que aquesta mies inútil siegue   85
de la severa muerte dura mano,
y a la común materia se la entregue!

   Pasáronse las flores del verano,
el otoño pasó con sus racimos,
pasó el invierno con sus nieves cano;   90

   las hojas que en las altas selvas vimos,
cayeron, ¡y nosotros a porfía
en nuestro engaño inmóviles vivimos!

   Temamos al Señor, que nos envía
las espigas del año y la hartura,   95
y la temprana pluvia [530] y la tardía.

   No imitemos la tierra siempre dura
a las aguas del cielo y al arado,
ni la vid cuyo fruto no madura.

   ¿Piensas acaso tú que fue criado   100
el varón para el rayo de la guerra,
para sulcar el piélago [531] salado,

   para medir el orbe de la tierra
y el cerco por do el sol siempre camina?
¡Oh, quien así lo entendiere, cuánto yerra!   105

   Esta nuestra porción alta y divina
a mayores acciones es llamada
y en más nobles objetos se termina.

---

[530] *pluvia*: lluvia (latinismo).
[531] *sulcar el piélago*: atravesar el mar.

Así aquella que a solo el hombre es dada
sacra razón y pura me despierta,   110
de esplendor y de rayos coronada;

y en la fría región, dura y desierta,
de aqueste pecho enciende nueva llama,
y la luz vuelve a arder que estaba muerta.

Quiero, Fabio, seguir a quien me llama,   115
y callado pasar entre la gente,
que no afecto [532] los nombres ni la fama.

El soberbio tirano del Oriente,
que maciza las torres de cien codos,
del cándido [533] metal puro y luciente,   120

apenas puede ya comprar los modos
del pecar. La virtud es más barata:
ella consigo misma ruega a todos.

¡Mísero aquel que corre y se dilata
por cuantos son los climas y los mares,   125
perseguidor del oro y de la plata!

Un ángulo me basta entre mis lares,
un libro y un amigo, un sueño breve,
que no perturben deudas ni pesares.

Esto tan solamente es cuanto debe   130
naturaleza al parco [534] y al discreto,
y algún manjar común, honesto y leve.

No, porque así te escribo, hagas conceto [535]
que pongo la virtud en ejercicio:

---

[532] *no afecto*: no apetezco, no persigo.
[533] *cándido*: blanco (latinismo).
[534] *parco*: sobrio.
[535] *hagas conceto*: pienses, te imagines.

que aun esto fue difícil a Epicteto.[536]   135

    Basta, al que empieza, aborrecer el vicio,
y el ánimo enseñar a ser modesto;
después le será el cielo más propicio.

    Despreciar el deleite no es supuesto
de sólida virtud, que aun el vicioso   140
en sí propio le nota de molesto.

    Mas no podrás negarme cuán forzoso
este camino sea al alto asiento,
morada de la paz y del reposo.

    No sazona la fruta en un momento   145
aquella inteligencia que mensura[537]
la duración de todo a su talento:

    flor la vimos primero, hermosa y pura;
luego, materia acerba[538] y desabrida;
y perfecta después, dulce y madura.   150

    Tal la humana prudencia es bien que mida
y comparta y dispense las acciones
que han de ser compañeras de la vida.

    No quiera Dios que siga los varones
que moran nuestras plazas, macilentos,   155
de la virtud infames histriones,[539]

    esos inmundos trágicos y atentos
al aplauso común, cuyas entrañas
son infaustos y oscuros monumentos.

    ¡Cuán callada que pasa las montañas   160

---

[536] *Epicteto*: filósofo estoico, autor de un famoso *Manual* en el que se resumen los principios de esa filosofía moral.

[537] *mensura*: mide.

[538] *acerba*: áspera.

[539] *histriones*: fingidores, hipócritas.

el aura, [540] respirando mansamente!
¡Qué gárrula [541] y sonante por las cañas!

  ¡Qué muda la virtud por el prudente!
¡Qué redundante y llena de ruido
por el vano, ambicioso y aparente!   165

  Quiero imitar al pueblo en el vestido,
en las costumbres solo a los mejores,
sin presumir de roto y mal ceñido.

  No resplandezca el oro y los colores
en nuestro traje, ni tampoco sea   170
igual al de los dóricos cantores. [542]

  Una mediana vida yo posea,
un estilo común y moderado,
que no le note nadie que le vea.

  En el plebeyo barro mal tostado,   175
hubo ya quien bebió tan ambicioso
como en el vaso múrrino [543] preciado;

  y alguno tan ilustre y generoso
que usó como si fuera vil gaveta, [544]
del cristal transparente y luminoso.   180

  Sin la templanza, ¿viste tú perfeta
alguna cosa? ¡Oh muerte!, ven callada
como sueles venir en la saeta;

  no en la tonante máquina preñada

---

[540] *aura*: brisa suave.
[541] *gárrula*; ruidosa, chillona.
[542] Quizá pueda referirse a los pastores de los poemas bucólicos griegos, que vestían como rústicos.
[543] *múrrino*: "de un metal llamo *murria* en latín (espato flúor)"; eran piezas muy apreciadas.
[544] *gaveta*: cacharro de uso vulgar, escupidera.

de fuego y de rumor, que no es mi puerta   185
de doblados metales fabricada.

    Así, Fabio, me muestra descubierta
su esencia la verdad, y mi albedrío
con ella se compone y se concierta.

    No te burles de ver cuánto confío,   190
ni al arte de decir, vana y pomposa,
el ardor atribuyas de este brío.

    ¿Es por ventura menos poderosa
que el vicio la virtud, o menos fuerte?
No la arguyas de[545] flaca y temerosa.   195

    La codicia en las manos de la suerte
se arroja al mar, la ira a las espadas,
y la ambición se ríe de la muerte.

    ¿Y no serán siquiera tan osadas
las opuestas acciones,[546] si las miro   200
de más ilustres genios[547] ayudadas?

    Ya, dulce amigo, huyo y me retiro
de cuanto simple amé: rompí los lazos.
Ven y sabrás al grande fin que aspiro,
antes que el tiempo muera en nuestros brazos.   205

---

[545] *arguyas de*: juzgues como.

[546] Se refiere a los actos virtuosos opuestos a la codicia, la ira y la ambición.

[547] *genios*: dioses que protegen a los humanos.

PEDRO DE ESPINOSA
(Antequera, 1658 - Sanlúcar de Barrameda, 1650)

127
Salmo a la perfección de la naturaleza,
obra de Dios

Pregona el firmamento
las obras de tus manos,
y en mí escribiste un libro de tu ciencia.
Tierra, mar, fuego, viento
publican tu potencia,   5
y todo cuanto veo
me dice que te ame
y que en tu amor me inflame;
mas mayor que mi amor es mi deseo.
Mejor que yo, Dios mío, lo conoces;   10
sordo estoy a las voces
que me dan tus sagradas maravillas
llamándome, Señor, a tus amores.
¿Quién te enseñó, mi Dios, a hacer flores
y en una hoja de entretalles [548] llena   15
bordar lazos con cuatro o seis labores?
¿Quién te enseñó el perfil de la azucena,
o quién la rosa, coronada de oro,
reina de los olores?
¿Y el hermoso decoro   20
que guardan los claveles,
reyes de los colores,

---

[548] *entretalles*: dibujos con relieve.

sobre el botón tendiendo su belleza?
¿De qué son tus pinceles,
que pintan con tan diestra sutileza   25
las venas de los lirios?
La luna y el sol, sin resplandor segundo,
ojos del cielo y lámpara del mundo,
¿de dónde los sacaste?
¿Y los que el cielo adornan por engaste   30
albos diamantes trémulos? [549]
¿Y el que, buscando el centro, tiene, fuego,
claro desasosiego? [550]
¿Y el agua, que, con paso medio humano,
busca a los hombres, murmurando en vano   35
que el alma se le iguale en floja y fría? [551]
¿Y el que, animoso, al mar lo vuelve cano,
no por la edad, por pleitos y porfía,
viento hinchado que tormentas cría? [552]
Y ¿sobre qué pusiste   40
la inmensa madre tierra,
que embraza montes, que provincias viste,
que los mares encierra
y con armas de arena los resiste?
¡Oh altísimo Señor que me hiciste!   45
No pasaré adelante:

---

[549] Se refiere a las estrellas. La frase presenta un fuerte hipérbaton: "¿Y
los albos diamantes trémulos que el cielo adornan por engaste?"

[550] Un nuevo hipérbaton: "¿Y el fuego que, buscando el centro (que está
en el sol), tiene claro desasosiego?"

[551] Quiere decir que el agua murmura que el alma de los hombres es
floja y fría como ella.

[552] El viento vuelve blanco al mar porque, con sus embates, lo llena de
espuma. Obsérvese el nuevo hipérbaton.

tu poder mismo tus hazañas cante;
que, si bien las mirara,
sabiamente debiera de estar loco,
atónito y pasmado de esto poco.   50
Ay, tu dolor me recrea,
sáname tu memoria;
mas no me hartaré hasta que vea,
¡oh Señor!, tu presencia, que es mi gloria.
¿En dónde estás, en dónde estás, mi vida?   55
¿Dónde te hallaré, dónde te escondes?
Ven, Señor, que mi alma
de amor está perdida,
y Tú no le respondes;
desfallece de amor y dice a gritos: 60
"¿Dónde lo hallaré, que no lo veo,
a Aquel, a Aquel hermoso que deseo?"
Oigo tu voz y cobro nuevo aliento;
mas como no te hallo,
derramo mis querellas por el viento.   65
¡Oh amor, oh Jesús mío!,
¡oh vida mía!, recebid mi alma,
que herida de amores os la envío,
envuelta en su querella.
¡Allá, Señor, os avenid con ella!   70

128
Ceniza, la hermosura

Átomos son al sol cuantas beldades
con presunción de vida, siendo flores,
siendo caducos todos sus primores,
respiran anhelando eternidades.

La rosa ¿cuándo, cuándo llegó a edades   5
con todos sus fantásticos honores?
¿No son pompas, alientos y colores
rápidas, fugitivas brevedades?

Tú, de flor y de rosa presumida,
mira si te consigue algún seguro   10
ser en gracias a todas preferida;

ni es reparo beldad, ni salud muro,
pues va, de no tener a tener vida,
ser polvo iluminado o polvo oscuro.

129
A quien traía un reloj con las cenizas
de su dama por arena

Ya sin risa la luz, sin voz la rosa,
la beldad sin candor, [553] tu vida muerta,
al fin, Belisa, en polvo te despierta
cuando, menos y nada, aún poderosa.

La firmeza a tu instancia querellosa,   5

---

[553] *candor*: blancura.

de sus beldades y rigor desierta,
sirva,[554] si te cegó, de que te advierta,
pues, por que tú reposes, no reposa.[555]

¡Cuánto le eres deudor!, pues que te llama
por horas y sin vida, con su ejemplo,   10
que si lo aprovechares te eternizas.[556]

Quien lo menos amó, lo más infama;[557]
culto y reliquias restituye al templo,[558]
que de un color son todas las cenizas.

JUAN DE TASIS Y PERALTA, CONDE DE VILLAMEDIANA
(Lisboa, 1582 - Madrid, 1622)

130

De cera son las alas cuyo vuelo[559]
gobierna incautamente el albedrío,
y llevadas del propio desvarío

---

[554] *La firmeza… sirva:* la firmeza ante los ruegos (*tu instancia querellosa*) de la dama ya muerta, ahora despojada de su belleza y rigor, debe servir para que…

[555] Las cenizas de la amada se mueven constantemente en su papel de arena de un reloj. No reposan para que el enamorado sienta el consuelo (*por que tú reposes*) de sentirlas cerca de sí y comprenda que la vida es inestable y pasajera.

[556] Las cenizas enseñan lo vano de este mundo. Si el amante aprendiera de ellas, se preocuparía por las cosas espirituales y conseguiría la eternidad.

[557] El enamorado fija su atención en lo que tiene menos importancia, el cuerpo, que se reduce a cenizas, y se despreocupa y ultraja el alma.

[558] En el siglo XVII las iglesias eran lugares sagrados y cementerios al mismo tiempo. Por eso el poeta recomienda al amante que devuelva al templo las cenizas y el culto.

[559] Este soneto versa sobre el mito de Ícaro, un joven al que su padre, Dédalo, fabricó unas alas de plumas y cera. Al elevarse, se acercó imprudentemente al sol, la cera se derritió e Ícaro se precipitó al mar. Este símbolo se aplica al amante que se acerca temerariamente a la amada, identificada, por su hermosura, con el sol.

con vana presunción suben al cielo.

No tiene ya el castigo, ni el recelo,   5
fuerza eficaz, ni sé de qué me fío,
si prometido tiene el hado mío
hombre a la mar como escarmiento al suelo. [560]

Mas si a la pena, amor, el gusto igualas,
con aquel nunca visto atrevimiento   10
que basta a acreditar lo más perdido,

derrita el sol las atrevidas alas,
que no podrá quitar al pensamiento
la gloria, con caer, de haber subido.

131

Milagros en quien solo están de asiento
alta deidad y ser esclarecido;
resplandeciente norte que ha seguido
la imaginaria luz del pensamiento,

a cuyo vario y libre movimiento   5
del vivir y morir se tiene olvido;
éxtasis puro del mejor sentido;
misteriosa razón del sentimiento;

ejecutiva [561] luz que al punto ciega;
noble crédito al alma más perdida   10
donde son premios muertes y despojos;

Oriente a quien nunca noche llega;
cierta muerte hallara en vos mi vida,
a ser morir, morir por esos ojos.

---

[560] El amante está destinado a caer, como Ícaro, al mar y servir de escarmiento para los demás.

[561] *ejecutiva*: que actúa con rapidez y eficacia.

FRANCISCO DE RIOJA
(Sevilla, 1583 - Madrid, 1659)

132
A la rosa

Pura, encendida rosa,
émula de la llama
que sale con el día,
¿cómo naces tan llena de alegría
si sabes que la edad que te da el cielo   5
es apenas un breve y veloz vuelo,
y ni valdrán las puntas de tu rama
ni tu púrpura hermosa
a detener un punto
la ejecución del hado presurosa?   10
El mismo cerco alado
que estoy viendo riente,
ya temo amortiguado,[562]
presto despojo de la llama ardiente.
Para las hojas de tu crespo seno   15
te dio Amor de sus alas blandas plumas,
y oro de su cabello dio a tu frente.
¡Oh fiel imagen suya peregrina!
Bañote en su color sangre divina
de la deidad que dieron las espumas,[563]   20
¿y esto, purpúrea flor, esto no pudo

---

[562] *amortiguado*: apagado, descolorido, como muerto.

[563] Se refiere a la diosa Venus, que nació de la espuma del mar. La mitología atribuía el color rojo de la rosa a haberse teñido con la sangre que manaba de una herida de la diosa.

hacer menos violento el rayo agudo?
Róbate en una hora,
róbate licencioso su ardimiento
el color y el aliento: 25
tiendes aún no las alas abrasadas,
y ya vuelan al suelo desmayadas.
Tan cerca, tan unida
está al morir tu vida,
que dudo si en sus lágrimas la aurora   30
mustia tu nacimiento o muerte llora.

PEDRO SOTO DE ROJAS
(Granada, 1584 - 1658)

Paraíso cerrado para muchos, jardines abiertos para pocos

133
Mansión cuarta

La vista, agradecida
a tan dulces favores,
se vuelve alegre a festejar las flores   505
y, alentando al principio de la vida,
le obliga a que despida,
en voces apacibles,
alabanzas, si iguales no, posibles. [564]
Es tanto acepto el sitio religioso,   510
que, ajustadas sus cercas, vencedoras

---

[564] El hombre no puede pronunciar alabanzas a la creación que puedan estar a la altura de su grandeza; pero sí debe exaltar la obra de la Providencia en la medida posible.

de su enemigo el hielo,
salvas y limpias las recibe el cielo. [565]
Aquí de ivierno se vistió el verano
con cuidadosa mano   515
que borda rico a su gabán el campo,
de la mosqueta y del jazmín, el ampo [566]
y los vientos, si mansos, desiguales,
en puertas del olfato dan señales.
Docto el estanque entre las cultas [567] fuentes,   520
le muestra el día, en su purpúreo asunto,
elegancias con lenguas diferentes.
Ejército de peces numeroso
este inquieta de Neptuno asiento, [568]
que adora el sol y que venera el viento...   525

LUIS CARRILLO Y SOTOMAYOR
(Baena, 1585? - El Puerto de Santa María, 1610)

134
A la ligereza y pérdida del tiempo

¡Con qué ligeros pasos vas corriendo!
¡Oh, cómo te me ausentas, tiempo vano!
¡Ay de mi bien y de mi ser tirano,

---

[565] El jardín tiene algo de sacro, como síntesis de la naturaleza, y es bien recibido por el cielo; desde él las alabanzas suben limpias y salvas hasta el cielo.

[566] El verano se vistió de invierno gracias a la blancura resplandeciente (*ampo*), como de nieve, de las mosquetas y los jazmines.

[567] *cultas*: trabajadas, hechas con cuidado y arte.

[568] Obsérvese el hipérbaton: "inquieta este asiento de Neptuno (dios del mar y de las aguas)".

cómo tu altivo brazo voy sintiendo!

Detenerte pensé, pasaste huyendo;   5
seguite, y ausentástete liviano;
gastete a ti en buscarte, ¡oh inhumano!:
mientras más te busqué, te fui perdiendo.

Ya conozco tu furia; ya, humillado,
de tu guadaña pueblo los despojos;   10
¡oh amargo desengaño no admitido!

Ciego viví, y al fin, desengañado,
hecho Argos [569] de mi mal, con tristes ojos
huir te veo, y véote perdido.

135
Pidiéndole piedad a sus males de amor

Amor, déjame, Amor; queden perdidos
tantos días en ti, por ti gastados;
queden, queden suspiros empleados,
bienes, Amor, por tuyos, ya queridos.

Mis ojos ya los dejo consumidos   5
y en sus lágrimas propias anegados;
mis sentidos, ¡oh Amor!, de ti usurpados,
queden por tus injurias más sentidos.

Deja que solo el pecho, cual rendido,
desnudo salga de tu esquivo fuego;   10
perdido quede, Amor, ya lo perdido.

¡Muévate (no podrá), cruel, mi ruego!
Mas yo sé que te hubiera enternecido
si me vieras, Amor; mas eres ciego.

---

[569] *Argos*: personaje mitológico que tenía mil ojos, con los que vigilaba constantemente.

136

¿Qué importa negar tus males,
corazón,
pues lenguas tus ojos son?

Encubrirme tus enojos
no lo querrán mis sentidos,   5
pues son mis ojos oídos
a palabras de tus ojos.
Mengua es ya, zagal, negar
en tu pecho tu pasión,
pues lenguas tus ojos son.   10
    Bien puede estar escondido
el fuego de aquese pecho,
mas, con la lumbre que ha hecho,
a luz tu mal ha salido.
Más cierto será mentir   15
tú, zagal, que tu afición,
pues lenguas tus ojos son.
    Basta el pasado disfraz,
pues toca en caso pensado,
el pecho de guerra armado   20
y el rostro armado de paz.
Ser ya extremo y no secreto,
te lo dirá la razón,
pues lenguas tus ojos son.

GABRIEL BOCÁNGEL
(Madrid, 1603 - 1658)

137
Hablando el autor de sus escritos

Ocios son de un afán que yo escribía
en ruda edad con destemplada avena; [570]
arbitrio [571] del amor, que a tal condena
a aquel que la templanza aborrecía.

    Canté el dolor llorando la alegría,   5
y tan dulce tal vez canté mi pena,
que todos la juzgaban por ajena,
pero bien sabe el alma que era mía.

    Si de todos no fuereis celebradas,
voces de amor, mirad mi pensamiento,   10
veréis que no mejor fortuna alcanza;

    ningún discreto os llame malogradas,
que si os llevare solamente el viento,
allá os encontraréis con mi esperanza.

138

Huye del sol el sol y se deshace
la vida a manos de la propia vida
del tiempo, que a sus partos homicida,
en mies de siglos las edades pace.

    Nace la vida y con la vida nace   5
del cadáver la fábrica temida;
¿qué teme, pues, el hombre en la partida

---

[570] *avena*: flauta, símbolo de la poesía.
[571] *arbitrio*: medio extraordinario y gravoso.

si vivo estriba[572] en lo que muerto yace?

Lo que pasó ya falta; lo futuro
aún no se vive; lo que está presente   10
no está porque es su esencia el movimiento:
lo que se ignora es solo lo seguro;
este mundo, república de viento
que tiene por monarca un accidente.

SOR JUANA INÉS DE LA CRUZ
(San Miguel de Nepantla, 1651 - Méjico, 1695)

139

Arguye de inconsecuentes el gusto y la censura de los hombres
que en las mujeres acusan lo que causan

Hombres necios que acusáis
a la mujer sin razón,
sin ver que sois la ocasión
de lo mismo que culpáis:

si con ansia sin igual   5
solicitáis su desdén,
¿por qué queréis que obren bien
si las incitáis al mal?

Combatís su resistencia
y luego, con gravedad,   10
decís que fue liviandad
lo que hizo la diligencia.

Parecer quiere el denuedo
de vuestro parecer loco,

---

[572] *estriba*: se apoya, se fundamenta.

al niño que pone el coco   15
y luego le tiene miedo.

    Queréis, con presunción necia,
hallar a la que buscáis,
para pretendida, Thais,[573]
y en la posesión, Lucrecia.   20

    ¿Qué humor puede ser más raro
que el que, falto de consejo,
él mismo empaña el espejo,
y siente que no esté claro?

    Con el favor y el desdén   25
tenéis condición igual,
quejándoos, si os tratan mal,
burlándoos, si os quieren bien.

    Opinión, ninguna gana;
pues la que más se recata,   30
si no os admite, es ingrata,
y si os admite, es liviana.

    Siempre tan necios andáis
que, con desigual nivel,
a una culpáis por cruel   35
y a otra por fácil culpáis.

    ¿Pues cómo ha de estar templada
la que vuestro amor pretende,
si la que es ingrata, ofende,
y la que es fácil, enfada?   40

    Mas, entre el enfado y pena
que vuestro gusto refiere,

---

[573] Thais, famosa cortesana de Atenas, es el contrapunto de Lucrecia, honesta matrona romana a la que violó el rey Tarquino el Soberbio.

bien haya la que no os quiere,
y quejaos en hora buena.

Dan vuestras amantes penas   45
a sus libertades alas,
y después de hacerlas malas,
las queréis hallar muy buenas.

¿Cuál mayor culpa ha tenido
en una pasión errada: 50
la que cae de rogada,
o el que ruega de caído?

¿O cuál es más de culpar,
aunque cualquiera mal haga:
la que peca por la paga,   55
o el que paga por pecar?

Pues ¿para qué os espantáis
de la culpa que tenéis?
Queredlas cual las hacéis
o hacedlas cual las buscáis.   60

Dejad de solicitar,
y después, con más razón,
acusaréis la afición
de la que os fuere a rogar.

Bien con muchas armas fundo   65
que lidia vuestra arrogancia,
pues en promesa e instancia
juntáis diablo, carne y mundo.

140
Determina que prevalezca la razón contra el gusto

Al que ingrato me deja, busco amante;
al que amante me sigue, dejo ingrata;

constante adoro a quien mi amor maltrata;
maltrato a quien mi amor busca constante.

Al que trato de amor, hallo diamante,   5
y soy diamante al que de amor me trata;
triunfante quiero ver al que me mata,
y mato al que me quiere ver triunfante.

Si a este pago, padece mi deseo;
si ruego a aquel, mi pundonor enojo: 10
de entrambos modos infeliz me veo.

Pero yo, por mejor partido, escojo,
de quien no quiero, ser violento empleo,
que, de quien no me quiere, vil despojo.

Primero sueño

141

El sueño todo, en fin, lo poseía;
todo, en fin, el silencio lo ocupaba:
aun el ladrón dormía;
aun el amante no se desvelaba.   150

El conticinio[574] casi ya pasando
iba, y la sombra dimidiaba,[575] cuando
de las diurnas tareas fatigados
—y no solo oprimidos
del afán ponderoso[576]   155
del corporal trabajo, mas cansados
del deleite también (que también cansa

---

[574] *conticinio*: hora de la noche en que reina el silencio.
[575] *dimidiaba*: demediaba, había llegado a la mitad de su tiempo.
[576] *ponderoso*: pesado.

objeto continuado a los sentidos
aun siendo deleitoso:
que la Naturaleza siempre alterna   160
ya una, ya otra balanza,
distribuyendo varios ejercicios,
ya al ocio, ya al trabajo destinados,
en el fiel infiel con que gobierna
la aparatosa máquina del mundo)–;   165
así, pues, de profundo
sueño dulce los miembros ocupados,
quedaron los sentidos
del que ejercicio tienen ordinario
–trabajo, en fin, pero trabajo amado,   170
si hay amable trabajo–,
si privados no, al menos suspendidos,
y cediendo al retrato del contrario
de la vida, [577] que –lentamente armado–
cobarde embiste y vence perezoso   175
con armas soñolientas,
desde el cayado humilde al cetro altivo,
sin que haya distintivo
que el sayal [578] de la púrpura discierna...

---

[577] Se presenta el sueño como imagen de la muerte.
[578] El sayal (tela basta de lana) es símbolo de la pobreza, como la púrpura lo es de la riqueza.

Actividades en torno a
Poesía de los Siglos de Oro
(apoyos para la lectura)

1. ESTUDIO Y ANÁLISIS

1.1. GÉNERO, RELACIONES E INFLUENCIAS

En esta muestra antológica están representadas las diversas modalidades poéticas que florecieron a lo largo de la Edad de Oro, desde la lírica de tipo tradicional, producción colectiva fijada por escrito, glosada e imitada por los poetas cultos desde finales del siglo XV, hasta las más depuradas creaciones de las personalidades relevantes de esa etapa.

En ella encontraremos muy diversos registros: versos de sabor y ritmo popular y de esmerada elaboración culta y aun cultista; pura efusión lírica y poesía descriptiva y narrativa; expresión del sentimiento amoroso, de raíces petrarquistas, y meditaciones de carácter moral y existencial, de inspiración clásica; tonalidades trascendentes y trazos burlescos y satíricos; poemas de exaltación y visiones degradadas de la realidad...

–Búsquense en la antología ejemplos de todas estas variedades poéticas, indicando claramente la especie a que pertenece cada una de ellas.

Junto a las formas métricas, procedentes de Italia, se introducen nuevos géneros, como la égloga de raigambre clásica o la epístola poética, así como una nueva sensibilidad amorosa y la delectación en la contemplación del mundo natural, marco inseparable de las experiencias que trasmite el poeta.

–Se seleccionarán también algunas muestras de égloga y epístola, y se señalarán los rasgos que las definen. ¿En qué poemas se percibe el protagonismo que adquiere el mundo natural y cómo se manifiesta?

La herencia renacentista se trasmite a la etapa barroca sin rupturas, tanto en lo que respecta a la lírica culta en metros castellanos como a la poesía amorosa petrarquista y a la horaciana. Se produce, sin embargo, una intensa renovación formal, exigida tanto por el desgaste de unas fórmulas largamente empleadas, por la fosilización de unos recursos expresivos que han derivado en un cierto manierismo, como por los condicionamientos de una etapa histórica que discurre bajo el signo de la decadencia política y el desengaño vital.

–Siguiendo los distintos apartados de esta antología, se puede ver la evolución que experimentan las formas poéticas a lo largo del tiempo. El soneto "En tanto que de rosa y azucena..." de Garcilaso de la Vega (núm. 30) y "Mientras, por competir con tu cabello..." de Góngora (núm. 77) tratan del mismo asunto, pero difieren en la forma y el estilo. Analícense detalladamente esas semejanzas y diferencias.

1.2. LOS POETAS EN SUS VERSOS

Dada la diversidad de autores e incluso de voces anónimas que llenan estas páginas, difícilmente se pueden hacer afirmaciones válidas para todos. En los sucesivos poemas vamos a ir encontrando la expresión personal y artística de sus respectivos creadores, dentro de un marco colectivo que les da unidad.

Hay manifestaciones en las que la personalidad del artista se diluye en la práctica de un ejercicio literario sólidamente fijado, o en la adscripción a una fórmula estética que impone sus leyes. Pero la voz de los grandes creadores –todos los que aquí se seleccionan lo son– imprime su sello a los moldes heredados.

–¿Qué tonalidades propias imprime Garcilaso a su poesía?

–¿Con qué experiencias íntimas se tejen?

–¿Se hace sentir la presencia de los paisajes ligados a su discurrir vital?

–¿Con qué acentos personales expresa fray Luis de León su anhelo de serenidad y de elevación espiritual?

–¿Cómo nos revela san Juan de la Cruz su inefable experiencia mística?

–¿Cómo vuelca Lope de Vega en los moldes petrarquistas los avatares de su trayectoria sentimental?

–¿Cómo presta Quevedo a sus versos satíricos el impulso visceral de un temperamento tendente a la degradación y la burla?

–¿Cómo destila sus zozobras existenciales ante el paso del tiempo y la amenaza de la muerte?

–¿Cómo se manifiesta el desgarrón afectivo de un sentimiento amoroso que va más allá de la destrucción del cuerpo?

En los autores que merecen la consideración de clásicos, la expresión literaria se nutre de la recreación de unas formas heredadas, que deja oír su voz en medio de los ecos de una época que se les impone en lo estético y en lo vital.

Recomendamos a los lectores de esta antología que traten de distinguir las voces de los ecos y de descubrir la impronta personal de cada poeta.

1.3. Características generales (estructura, temas, ideas)

No parece difícil rastrear en los poemas que ofrecemos unas directrices temáticas que impregnan las producciones propias de una época o de unos géneros determinados.

La lírica popular recrea asuntos de alcance universal, entre los que figuran en primer término los goces y sufrimientos del amor.

–¿En qué poemas de esta serie se nos trasmiten las cuitas del enamorado?

–¿Qué actitudes reflejan?

–¿Qué asuntos tratan?

–¿Qué metáforas aparecen en esos versos?

La lírica petrarquista retoma la tradición del amor cortés, en la que el poeta rinde vasallaje a su dama. La bella ingrata es objeto de una permanente idealización por parte del amante, que se recrea en el análisis de su dolorido sentir en unos versos refinados que se sustentan en la introspección sicológica.

–¿En qué poemas se manifiesta la nueva sensibilidad amorosa? ¿En qué consiste ese análisis del sentimiento?

La concepción petrarquista del amor sigue inspirando muchos de los mejores versos barrocos. A la par que se complican las formas, se intensifica el sentimiento. La contención de Garcilaso y sus inmediatos seguidores y el artificioso manierismo de Herrera dejan paso a los versos pletóricos de vida de Lope de Vega y a la atormentada expresividad de Quevedo o el conde de Villamediana.

—¿Se percibe en el soneto "Cerrar podrá mis ojos la postrera..." de Quevedo (núm. 107) y en "Milagros en quien solo están de asiento..." del conde de Villamediana (núm. 131) una expresividad particularmente atormentada? Justifíquese detalladamente la respuesta.

En la segunda mitad del XVI la inspiración religiosa pasa a ocupar un lugar relevante, con enfoques tan distintos como las meditaciones de raíz intelectual que desgrana fray Luis en sus versos y el arrebato místico que alienta en los de san Juan de la Cruz. En los años barrocos, el sentimiento religioso seguirá vivo en la lírica, indisolublemente ligado a la reflexión moral.

—¿Qué poemas del siglo XVII, de los que aparecen en esta antología, se dedican a esos asuntos. Comenta alguno de ellos.

La experiencia del desengaño, en una doble dimensión individual y colectiva, tiñe de tonalidades sombrías unos versos en que se nos trasmite la angustia del ser para la muerte, la conciencia de que el hombre se enfrenta a una realidad inconsistente.

—Elíjanse para el comentario dos poemas en los que estas zozobras existenciales se manifiesten con mayor intensidad.

Frente a ese desasosiego, el consuelo de una vida encerrada en estrechos límites, sin ambiciones ni expectativas irrealizables; la necesidad de vencer al dolor, reduciendo los flancos en que puede hacer presa.

–Búsquese y coméntese algún poema en que se plasme esa lección de estoico escepticismo.

En su rica variedad, el Barroco introduce también una veta de exaltación de las pequeñas realidades, que alcanza sus más altas cotas en los versos descriptivos de las *Soledades* gongorinas.

–Coméntese el texto "Liberalmente de los pescadores..." (núm. 82) de la *Soledad segunda*, en que se describe una escena de pesca.

1.4. FORMA Y ESTILO

Durante el Renacimiento, la moderación y la naturalidad se imponen a las tendencias latinizantes del siglo XV. La divisa es el "buen gusto", unánimemente proclamado en las preceptivas de la época, con la sencillez, la espontaneidad y el equilibrio como guía permanente. Se crea un ideal de belleza clásica que, en el terreno de la lírica, encarnan ejemplarmente autores como Garcilaso de la Vega o fray Luis de León.

En líneas generales, la elegancia natural que marca la pauta durante el Renacimiento da paso en el siglo XVII a formas más complejas y alambicadas, a una minuciosa elaboración y a la búsqueda de la oscuridad; el ideal de sobriedad es sustituido por una expresión violenta y desgarrada que imprime una nueva dimensión a los viejos moldes.

La búsqueda del arte de la dificultad se lleva a cabo a través de dos caminos distintos pero convergentes: conceptis mo y culteranismo, que a veces se combinan y confunden, pero que pueden discernirse perfectamente en sus formas genuinas.

El conceptismo, cuyos principios teóricos define Baltasar Gracián en *Agudeza y arte de ingenio*, parte de una larga tradición literaria que busca establecer semejanzas, paralelismos y relaciones entre objetos o ideas distantes. Se trata de jugar con las palabras y las ideas para lucir el ingenio.

Por ejemplo, en los primeros versos de la letrilla "Poderoso caballero..." (núm. 108), encontramos que el poeta ha establecido una relación ingeniosa entre la palidez que tópicamente se atribuye a los amantes y el color del oro, y también entre dos tipos de enamorados (los que son sencillos y sin malicia y los retorcidos y de trato difícil) con dos tipos de monedas (las sencillas y los doblones, que valen dos veces lo que las primeras). Búsquense otras relaciones ingeniosas a lo largo del poema.

–¿Qué juegos de palabras se encuentran en el romance quevedesco "Pariome adrede mi madre..." (núm. 112).

El conceptismo tuvo, y sigue teniendo, un carácter popular. Las dificultades que ofrece pueden vencerse, en la mayor parte de los casos, con el ingenio natural de un lector experimentado. La satisfacción de desentrañar el enigma complace sobremanera al receptor y facilita que el mensaje quede grabado en su mente.

Frente a la vulgarización a que propende el conceptismo, se difundió desde principios de siglo una corriente cultista que se proponía escribir solo para las élites ilustradas. Esta idea la desarrolló el cordobés Luis Carrillo y Sotomayor en su *Libro de la erudición poética* (1605), donde pide la creación de una lengua que se aparte de la usual, que exija una formación y un esfuerzo al lector. Su paisano Luis de Góngora llevaría a sus últimas consecuencias esa pretensión en sus dos poemas mayores *Fábula de Polifemo y Galatea* y *Soledades* (1612-1613). El cultismo gongorino, al que sus detractores llamaron peyorativamente *culteranismo*, creó una lengua oscura, rica en latinismos, hipérbatos e incisos, muy compleja en su organización sintáctica. A estas dificultades añadió el uso de metáforas de segundo y tercer grado, juegos de palabras conceptuosos, imágenes caprichosas, a menudo descendentes y empequeñecedoras, múltiples alusiones a la mitología y el mundo antiguo... Una poesía, en suma, que solo es inteligible con esfuerzo y a la que no puede acceder el que no tenga familiaridad con el latín, la cultura clásica y la tradición literaria renacentista.

—Coméntense los dos fragmentos de la *Fábula de Polifemo y Galatea* de Góngora que aparecen en esta antología (núms. 79 y 80). ¿Qué dificultades presenta su comprensión?

Los versos gongorinos desataron una violenta controversia. Incluso los defensores de una literatura cultista reaccionaron contra sus desmesuras. Pero su ejemplo estimuló a otros autores para ofrecer poemas que, aunque cultistas, se alejaban de esos excesos. A pesar de la polémica, el cultismo triunfante fue el de Góngora.

Aunque en el Barroco domina el arte de la dificultad, son muchos los textos y autores, como Cervantes o Lope de Vega (en la mayoría de sus obras), que no pueden encuadrarse en esa tendencia. Recurren a un estilo más sencillo, pero no simple, que no persigue la oscuridad como objetivo poético.

1.5. Comunicación y sociedad

Para que la poesía exista plenamente, no basta con que su autor la escriba; hace falta también que llegue a sus destinatarios. Normalmente, el medio usual es la escritura, a través del manuscrito o del impreso. Sin embargo, en el Siglo de Oro y en tiempos posteriores una parte de la poesía se ha trasmitido a través del canto. En la actualidad, algunos de los poemas de la antología podemos oírlos en grabaciones discográficas.

—Búsquense, en los catálogos de colecciones de discos, grabaciones de los villancicos y romances de Juan del Encina. Hay una edición de la *Obra completa* en la col. "Monumentos históricos de la música española" del Ministerio de Educación; una selección de piezas interpretadas por Jordi Savall, etc. etc. Consíganse estos discos, escúchense y cántese alguno de los poemas que aparecen en nuestra antología.

A través del canto, han pasado de padres a hijos romances famosos del Siglo de Oro. Por ejemplo, "Mira, Zaide, que te aviso...", atribuido a Lope de Vega.

—Búsquese el libro de Manuel Alvar *El romancero. Tradicionalidad y pervivencia* y resúmase el artículo sobre la trasmisión de "Mira, Zaide, que te aviso..." entre los sefardíes de Marruecos.

La imprenta es la vía más habitual para la difusión de la poesía en el mundo moderno. Ya en el siglo XVII algunos autores (como Lope de Vega) se preocuparon de imprimir su obra; otros (como Góngora o Quevedo) no llegaron a editarla en vida.

—Consúltese una historia de la literatura barroca amplia (como el *Manual de literatura española. III. Barroco: Intro-*

ducción, prosa y poesía de Felipe B. Pedraza Jiménez y Milagros Rodríguez Cáceres) y regístrense las ediciones antiguas de las obras poéticas de Góngora, Lope y Quevedo.

—Éntrese a través de internet en el catálogo Ariadna de la Biblioteca Nacional (http//www.bne.es) y véanse las ediciones de estos autores a lo largo del siglo XVIII.

Las opiniones de los críticos y los lectores sobre los poetas del Siglo de Oro han ido cambiando a lo largo de la historia. Sin duda, Luis de Góngora ha sido el que ha sufrido más vaivenes en su consideración. Durante los siglos XVIII y XIX su obra culterana fue despreciada, pero en el XX surgieron lectores y críticos (muchos de ellos también poetas) que exaltaron sus versos más difíciles y oscuros.

—Búsquense algunos fragmentos significativos de esta polémica en torno a Góngora. Léanse, por ejemplo, las páginas que dedica al barroquismo Antonio Machado en *Los complementarios*, o los estudios de Dámaso Alonso en *Poesía española* y en *Ensayos y estudios gongorinos*, o los de Jorge Guillén en *Lenguaje y poesía*. Contrástense sus opiniones.

Con frecuencia, los poemas y a veces la propia figura de los poetas sirven de inspiración para nuevos versos.

—Búsquense y léanse poemas inspirados o en homenaje de los líricos del Siglo de Oro. Por ejemplo, "Si Garcilaso volviera..." (perteneciente a *Marinero en tierra*) de Rafael Alberti, *Égloga, elegía, oda* de Luis Cernuda (también inspirado por Garcilaso, fray Luis y otros poetas clásicos) u *Homenajes* de Jorge Guillén.

–Búsquese y léase asimismo el tríptico de sonetos que Rubén Darío dedica a Góngora y Velázquez en *Cantos de vida y esperanza*; la *Corona poética en honor de Góngora*, preparada por Gerardo Diego, y la *Glosa a Villamediana* de este mismo poeta; o el poema *Lope. La noche. Marta* (perteneciente a *Agenda*) que José Hierro dedicó a Lope de Vega y su último amor: Marta de Nevares.

Los poetas inspiran a veces obras de teatro.

–Léase en clase *El caballero de las espuelas de oro* de Alejandro Casona, que tiene como protagonista a Quevedo.

También los novelistas buscan su inspiración en la vida y la obra de los poetas. En los últimos tiempos se han escrito varias novelas en torno a al conde de Villamediana y su trágica muerte.

–Léanse y resúmanse *Villamediana* de Carolina-Dafne Alonso Cortés, *Decidnos, ¿quién mató al conde?* de Néstor Luján o *Capa y espada* de Fernando Fernán-Gómez.

2. TRABAJOS PARA LA EXPOSICIÓN ORAL Y ESCRITA

2.1. CUESTIONES FUNDAMENTALES SOBRE LA OBRA

–Uno de los rasgos característicos de la poesía tradicional es el empleo de estructuras paralelísticas, perfectamente ejemplificado en el poema "Muy graciosa es la doncella..." (núm. 6).

Analícese cómo se aplica ese recurso en dicho texto. ¿Pueden encontrarse procedimientos análogos en las restantes muestras poéticas que se recogen en ese mismo apartado?

—Los poemas "Pariome mi madre..." (núm. 20) y "Pariome adrede mi madre..." (núm. 112) coinciden en expresar la queja del poeta por su aciaga fortuna desde el instante mismo de su nacimiento.

¿Qué diferencia de tono se advierte entre los versos del cancionero de Upsala y los de Quevedo? Búsquese algún ejemplo significativo.

—En la *Canción IV* (núm. 32) Garcilaso de la Vega se lamenta de la dolorosa situación a que le ha arrastrado el destino, sin que él pueda considerarse responsable.

¿Cuál ha sido la causa de sus males? ¿En qué versos se refleja de forma más clara el estado en que se encuentra? ¿Cómo expresa ese sentimiento?

—El soneto de Francisco de Terrazas "¡Ay basas de marfil, vivo edificio...!" (núm. 40) está dedicado a las piernas de una dama, asunto erótico-galante que aparece en otros poemas de la época.

Analícense las metáforas que emplea el autor para aludir a esa parte de la anatomía de la amada.

—En la *Vida retirada* (núm. 41) fray Luis canta las excelencias del vivir ajeno al tráfago mundano y a la servidumbre de la ambición.

¿Qué ideas expresa en concreto en los versos 16-20 y 31-35? ¿Se pueden encontrar reflexiones similares a las del agustino en "En fin, en fin, tras tanto andar muriendo..." de Francisco de Aldana (núm. 59), en la *Epístola moral a Fabio* de Andrés Fernández de Andrada (núm. 126) y en el soneto "Dentro quiero vivir de mi fortuna..." de Lupercio Leonardo de Argensola (núm. 117)?

—En la poesía que sigue la tradición petrarquista, el análisis del sentimiento amoroso gusta de recurrir a los juegos de contrarios.

Coméntese el uso que se hace de esta figura retórica en los poemas "De estas doradas hebras fue tejida..." (núm. 51), "Desmayarse, atreverse, estar furioso..." (núm. 91) y "Milagros en quien solo están de asiento" (núm. 131). ¿Hay también alguna paradoja?

—Entre el romance morisco "Mira, Zaide, que te aviso..." de Lope de Vega (núm. 84) y "En balde me avisas, mora..." de Liñán de Riaza (núm. 114) existe una relación evidente.

Explíquese en qué consiste y cómo se corresponden los contenidos de uno y otro.

—El soneto *Amor constante más allá de la muerte* de Quevedo (núm. 107) revela una peculiar concepción del amor que aporta algo nuevo a la tradición petrarquista.

¿Cuál es la idea central del poema? ¿Por qué tiene una particular fuerza expresiva?

—En la poesía de Francisco López de Zárate encontramos uno de los temas típicamente barrocos: la reflexión sobre la muerte.

¿En qué aspecto concreto de esta realidad se centra el poema "Átomos son al sol cuantas beldades..." (núm. 128). ¿Qué imágenes se emplean y qué significado tienen? ¿Qué advertencia se desprende de él?

2.2. Temas para exposición y debate

—En algunos poemas ("Más vale trocar..." y "Véante mis ojos...", núms. 1 y 10) encontramos una exaltación del sentimiento amoroso que acepta sin reservas los sufrimientos que de él se puedan derivar, o bien se nos muestra como una cadena de la que es imposible librarse ("Mi libertad en sosiego...", núm. 3), o como una inquietud que priva al enamorado del sosiego ("Quiero dormir y no puedo...", núm. 19).

Se debatirá en clase acerca del concepto que distintos alumnos tienen del amor y de las vivencias que conlleva. ¿Comparten las ideas expresadas por estos poetas? ¿Les parecen irreales o pasadas de moda?

—El *Soneto XXIII* de Garcilaso de la Vega (núm. 30) desarrolla un tópico heredado de la tradición clásica: el del *carpe diem*, es decir, la conveniencia de aprovechar el tiempo antes de que se nos escape de las manos.

Algún alumno expondrá en clase sus reflexiones al respecto. ¿Es una sabia filosofía la del *carpe diem*? ¿Por qué?

—En los poemas "¡Qué descansada vida...!" (núm. 41) y "Aquí la envidia y la mentira..." (núm. 45) de fray Luis de León, "En fin, en fin, tras tanto andar muriendo..." de Francisco de Aldana (núm. 59), *Epístola moral a Fabio* (núm. 126) de Andrés Fernández de Andrada y "Dentro quiero vivir de mi fortuna..." de Lupercio Leonardo de Argensola (núm. 117) se cantan las excelencias de la vida retirada.

Se debatirá si es o no una actitud vital digna de alabanza. Sería conveniente que se formaran dos grupos que defendieran argumentos en pro y en contra.

—La unión mística con Dios es una experiencia inefable que ha generado algunos de los más excelsos versos de nuestras letras: *Cántico espiritual*, *Noche oscura del alma* y *Llama de amor viva* (núms. 62-64).

Ábrase un debate en torno a esta vivencia. ¿Se considera que es un fenómeno comprensible, a pesar de que supera los límites de lo racional?

–La arbitraria distribución de los bienes por parte de la Fortuna da tema, en clave burlesca, a la letrilla de Góngora "Da bienes Fortuna..." (núm. 73).

Se entablará discusión acerca del papel que le cabe a la suerte en la vida de las personas. ¿Dependemos de ella o podemos influir en alguna medida?

–El poema de Góngora "Mientras, por competir con tu cabello..." (núm. 77) es un ejercicio puramente literario en el que el autor recrea los moldes petrarquistas.

Se discutirá en clase sobre el hecho de si la poesía tiene que nacer forzosamente de una inspiración personal o puede reducirse al empleo de una técnica.

–La angustiosa percepción del paso del tiempo informa muchos poemas barrocos de carácter existencial: "Miré los muros de la patria mía..." (núm. 102), "¡Cómo de entre mis manos te resbalas...!" (núm. 103) y "'¡Ah de la vida!'... ¿Nadie me responde?..." (núm. 104) de Francisco de Quevedo, "Huyó la nieve, y árboles y prados..." de Francisco de Medrano (núm. 124), "¡Con qué ligeros pasos vas corriendo!..." de Luis Carrillo y Sotomayor (núm. 134)...

Algún alumno expondrá en clase su experiencia personal sobre el rápido discurrir de las horas.

–La letrilla satírica "Poderoso caballero..." de Quevedo (núm. 108) pone sobre el tapete la enorme influencia que tiene el dinero sobre el comportamiento humano.

Se debatirá entre los alumnos si realmente es así en

nuestra sociedad o si exagera el poeta. ¿El interés material lo condiciona todo o casi todo? ¿Hay cosas importantes que ni se compran ni se venden?

—El soneto del conde de Villamediana "De cera son las alas cuyo vuelo..." (núm. 131) trata del mito de Ícaro, que quiso volar hasta el sol con unas alas hechas con cera y, al derretirse estas con la luz del astro, se vio precipitado al mar.

Se debatirá acerca de la conveniencia de emprender ambiciosas empresas que puedan llevar a la autodestrucción. ¿Es preferible ser prudente o perseguir "la gloria, con caer, de haber subido"?

2.3. MOTIVOS PARA REDACCIONES ESCRITAS

—El poema "Dulce soñar y dulce congojarme..." de Juan Boscán (núm. 25) habla del efecto consolador de los sueños para quien en la vida real es desdichado.

Explique cada uno en una redacción qué representa para él la actividad de soñar. ¿Es placentera o angustiosa?

—En *A Francisco Salinas* (núm. 42) fray Luis de León refleja las intensas sensaciones, cargadas de trascendencia, que le produce la música.

Cada uno expresará por escrito lo que supone la música para él y qué tipo de música le conmueve más. ¿Es simplemente una experiencia grata o una diversión? ¿Lo eleva en algún momento por encima de la realidad que lo rodea?

—El *Soneto X* de Garcilaso de la Vega (núm. 27) y "Contentamientos pasados..." de Vicente Espinel (núm. 70) nos muestran cómo el recuerdo del bien pasado aumenta la intensidad del dolor presente.

Reflexione cada uno sobre la dolorosa experiencia del bien perdido.

—El *Soneto CXXVI* de las *Rimas* de Lope de Vega (núm. 91) trata de los estados de ánimo contradictorios que genera el amor.

Cada uno expresará su opinión acerca de esas mezclas de contrarios que se dan en la intimidad de las personas. ¿Hay en nosotros un fuerte componente irracional?

—En algunos poemas ("Cansa la vista el artificio humano..." de Francisco de Medrano, núm. 125; *Salmo a la perfección de la naturaleza, obra de Dios* de Pedro de Espinosa, núm. 127) se recoge el sentimiento de sus autores ante la contemplación de la naturaleza.

Cada uno intentará explicar cuáles son sus relaciones con el mundo natural. ¿Forma parte importante de su vida? ¿Vive de espaldas a él? ¿Es una presencia de la que tiene necesidad?

2.4. SUGERENCIAS PARA TRABAJOS EN GRUPO

—En las primeras páginas de esta antología (núms. 1-22) tenemos una magnífica muestra de lírica tradicional de diversa procedencia.

Se formarán varios grupos y cada uno de ellos se encargará de recopilar un pequeño cancionero tradicional. Para su elaboración se puede recurrir a fuentes orales y escritas, así como a grabaciones discográficas. Sería muy interesante que se recogiera alguna muestra procedente de la tradición oral y se señalara su procedencia.

—La presencia de los mitos clásicos es una constante en

la poesía del Siglo de Oro. Garcilaso de la Vega se sirve de ellos para establecer un paralelismo con sus cuitas amorosas.

Léanse otros sonetos del poeta toledano (distintos de los que vienen aquí) en los que aparezcan motivos mitológicos, y explíquese cada una de las historias a que se refieren.

—La glosa de versos ajenos fue práctica habitual de los poetas áureos, tal como se ejemplifica en la canción "Va y viene mi pensamiento..." de Diego Hurtado de Mendoza (núm. 35).

Se elegirán algunos poemas breves y, entre varios alumnos, se harán distintas glosas de cada uno de ellos.

—La angustia existencial es una de las vetas fundamentales de la lírica de Quevedo, como se aprecia en los poemas "¡Cómo de entre mis manos te resbalas...!" (núm. 102), "Miré los muros de la patria mía..." (núm. 103) y "'¡Ah de la vida!'... ¿Nadie me responde?..." (núm. 104).

Los diversos grupos deberán buscar poemas de otros autores de distintas épocas que revelen inquietudes similares.

—Recogemos aquí una muestra de la lírica barroca en la que se revelan las constantes vitales de esa etapa.

Se buscará en esos poemas la marca de época que llevan impresa. ¿Guardan relación con los principios que definen la vida y la estética del Barroco? Se confrontarán las conclusiones de los distintos grupos para llegar a un análisis lo más exhaustivo posible.

2.5. Trabajos interdisciplinares

—El soneto *Al rey nuestro señor* (núm. 39) es una de las muestras de exaltación de que fue objeto la política imperial de Carlos V.

¿La imagen que en él se nos ofrece está avalada por la significación que en realidad tuvo? Trácense los perfiles de esa figura histórica.

—La canción "Voz de dolor y canto de gemido..." de Fernando de Herrera (núm. 52) alude a un suceso de la época que adquirió tintes legendarios: la desaparición y muerte del rey don Sebastián de Portugal en Alcazarquivir.

Búsquese información sobre ese episodio histórico y las circunstancias que lo rodean.

—En el romance pastoril "Hortelano era Belardo..." (núm. 85) Lope de Vega trae a colación un rico repertorio de flores y plantas, a las que atribuye determinadas propiedades en relación con las mujeres.

Descríbase cada una de ellas y clasifíquense por especies. ¿Están justificadas las aplicaciones que sugiere el poeta?

—Los trágicos amores de Dido y Eneas, que recrea Juan de Arguijo en el soneto "De la fenisa reina importunado..." (núm. 122), fueron fuente de inspiración para la poesía y el teatro durante el Siglo de Oro.

Búsquese documentación sobre esa historia y sobre el texto clásico que nos la trasmite.

2.6. Búsqueda bibliográfica en internet y otros recursos electrónicos

—Entre varios alumnos se buscará en la biblioteca del centro y se tomará nota de la bibliografía general que pueda encontrarse sobre el Renacimiento y el Barroco.

—Cada uno de los grupos eligirá un autor y verá qué ediciones y estudios sobre él hay en la biblioteca del centro.

—Por medio de internet, se accederá al catálogo Ariadna de la Biblioteca Nacional de Madrid (http//www.bne.es) y se tomará nota de las ediciones de la poesía de Garcilaso y de las *Soledades* de Góngora que figuran en él.

—En el mismo catálogo de la Biblioteca Nacional de Madrid, buscando por materias, se seleccionarán unos cuantos estudios relevantes en torno a Lope de Vega y Francisco de Quevedo.

—Por medio de internet, se consultará el catálogo del ISBN para averiguar de qué libros vivos (que pueden encontrarse en el mercado) dispone en este momento quien quiera leer la poesía de fray Luis de León y de san Juan de la Cruz y elaborar algún estudio sobre ella.

3. COMENTARIO DE TEXTOS

LOPE DE VEGA

Rimas

Soneto CXXVI

Desmayarse, atreverse, estar furioso,
áspero, tierno, liberal, esquivo,
alentado, mortal, difunto, vivo,
leal, traidor, cobarde y animoso;
    no hallar fuera del bien centro y reposo,   5
mostrarse alegre, triste, humilde, altivo,
enojado, valiente, fugitivo,
satisfecho, ofendido, receloso;
    huir el rostro al claro desengaño,

beber veneno por licor süave,   10
olvidar el provecho, amar el daño;
　creer que un cielo en un infierno cabe,
dar la vida y el alma a un desengaño:
esto es amor: quien lo probó, lo sabe.   15

3.1. LA OBRA EN SU CONTEXTO

El *Soneto CXXVI* de las *Rimas* de Lope de Vega se inscribe dentro de la corriente petrarquista, heredada del siglo XVI; es depurada quintaesencia de los procedimientos de que esta se sirve. Está basado en el tópico juego de contrarios, al que se suele recurrir para describir el sentimiento amoroso, siempre inefable, enemigo de la lógica. Sin embargo, Lope sabe imprimir a los modelos recibidos un tono apasionado y personal que da mayor autenticidad a sus versos. De los poetas de su tiempo, es el que de forma más convincente ofrece su propio existir como muestra de que las definiciones del amor coinciden con las vivencias íntimas. En este poema, como en el conjunto del libro, el sentimiento amoroso y su expresión literaria aparecen como una misma cosa.

3.2. CUESTIONES MÉTRICAS

Es un soneto. Consta, por tanto, de dos cuartetos y dos tercetos (ABBA ABBA CDC DCD). Los tercetos van encadenados. Lope siente predilección por esa fórmula, que se acostumbra a alternar con otras.

En el verso 10 se produce una diéresis en *suave*. La ruptura del diptongo es necesaria para que tenga once sílabas y no diez. Además, *suaviza* la pronunciación.

En los versos 9 y 13 nos encontramos con una falsa rima, una consonancia con la misma palabra, el sustantivo *desengaño*. Es un lunar, un pequeño defecto técnico al que Lope parece que no le dio mayor relieve. Quizá se trate de una errata. Una de las copias manuscritas del siglo XVII nos ofrece esta otra lectura, también plausible, del verso 13:

> dar la vida y el alma a un dulce engaño

3.3. TEMA

Definición del amor como un sentimiento hecho de enfrentamientos íntimos y pulsiones contrarias, que hacen pasar de un estado de ánimo al opuesto: del desmayo al atrevimiento, de la aspereza a la ternura, del calor al frío... En medio de ese torbellino, alienta el engaño de que puede alcanzarse la felicidad extrema en una relación conflictiva. Todo lo que dice el poeta lo sabe por experiencia propia, y apela a ella, y a la del interlocutor, para dar más fuerza a su argumentación. En ello reside la mayor novedad de este poema, tan enraizado en la tradición.

3.4. ESTRUCTURA Y CONTENIDO

Presenta este soneto una estructura muy particular: una larga enumeración de infinitivos contrastantes, en la que los elementos definidores se anteponen a lo definido, en contra de lo que es habitual. Desde el verso 1 hasta el primer hemistiquio del 14 encontramos una sola unidad sintáctica y de sentido. El segundo hemistiquio constituye otra, muchísimo más breve, que da un aire rotundo a la afirmación.

Dentro de la primera parte, los trece primeros versos forman una larguísima enumeración. El verbo no aparece hasta el verso 14: *es*. Todos esos rasgos que definen la pasión amorosa quedan englobados al final, a modo de conclusión, en el pronombre demostrativo *esto*.

Obsérvese que la estructura de los cuartetos y los tercetos es distinta. Aquellos se componen casi íntegramente de una serie enumerativa. En cambio, en los tercetos no existe esta acumulación de elementos. El ritmo se serena para expresar un concepto único y completo en cada verso, a excepción del 11, que incluye dos que se contraponen entre sí, en una estructura bimembre: "olvidar el provecho, amar el daño".

Son muchos los versos divididos en dos, tres o más unidades simétricas. Esto no puede extrañarnos ya que precisamente las enumeraciones son una serie de elementos de la misma naturaleza. El 11 es bimembre; el 1, el 7 y el 8, trimembres; y el 2, 3 y 4, tetramembres.

Los elementos de la enumeración son atributos del sujeto *amor*, cuya naturaleza intentan definir. Todos ellos tienen como núcleo un infinitivo: *desmayarse, atreverse, estar, no hallar, mostrarse, huir, beber, olvidar, amar, creer, dar*. El predominio de esta forma verbal se ha llevado al extremo: el poema es pura acción, el arrebatado desasosiego del amante se plasma con insuperable pericia.

La mayoría de los infinitivos van acompañados de sus respectivos complementos. Dos de ellos, *estar* y *mostrarse*, llevan una larga serie de adjetivos que constituyen una nueva enumeración dentro de la general que da forma al poema. Se trata, pues, de una estructura muy elaborada, en la que alternan las antítesis simples, de dos miembros claramente contrapuestos, con otras más complejas que enriquecen la perspectiva y varían el ritmo del soneto.

El poema tiene un ritmo frenético, que dista mucho de la serenidad reflexiva de otras definiciones. Los infinitivos, componente nuclear, se unen en asíndeton, pues antes del último (*dar*) no aparece la conjunción copulativa. Se deja abierta la serie como si se pudieran añadir nuevos elementos. De las otras dos enumeraciones que se integran en la principal, la que va regida por el verbo *mostrarse* es también asindética. Resulta evidente que priva la economía en el uso de partículas de enlace.

El último hemistiquio del verso 14 es digno de ser resaltado por su originalidad. Hasta aquí hemos visto el desarrollo de un tópico literario. Ahora con su propia experiencia el poeta avala rotundamente la exactitud de lo que se ha dicho. Y no cuenta solo su testimonio personal, sino el de todo el que lo probó. Lope viene a afirmar que lo que suele tomarse como un simple tópico, es una realidad perfectamente corroborable.

3.5. RECURSOS EXPRESIVOS

La figura retórica que domina en este poema es la antítesis; no recurre a la paradoja o al oxímoron, ya que acumula elementos contrarios, antitéticos, no contradictorios. Ciertamente, llega a rozar los límites de lo paradójico, ya que pudiera parecer, por lo vertiginoso de la enumeración, que esas actitudes se dan a un mismo tiempo en el sujeto enamorado. Pero resulta más lógico pensar que son estados de ánimo sucesivos, pulsiones que se mezclan y confunden, contrastes perfectamente verosímiles en el alma del amante.

Encontramos muchas parejas de elementos antitéticos: *desmayarse/atreverse, áspero/tierno, liberal/esquivo, alentado/mortal, difunto/vivo* (obsérvese que estas dos últimas vienen a significar exactamente lo mismo), *leal/traidor, cobarde/animoso, alegre/triste, humilde/altivo, valiente/fugitivo, satisfecho/ofendido, olvidar el provecho/amar el daño.* En esta última unidad la antítesis es doble. Se contraponen, por un lado, *olvidar/amar* y, por otro, *provecho/daño*.

También entran en contraste en los versos 10 y 12 *veneno/licor suave* y *cielo/infierno.* De nuevo nos aproximamos al terreno de la paradoja, pero queda atemperada porque el poeta deja bien claro que se trata de una impresión personal, que, confundido, toma un mal como si fuera el mayor de los bienes.

Es de notar que en los versos 2-4, entre las parejas de adjetivos contrarios se produce un cruce en el orden de los elementos positivos y negativos:

áspero (-) / tierno (+)   alentado (+) / mortal (-)   leal (+) / traidor (-)

liberal (+) / esquivo (-)   difunto (-) / vivo (+)   cobarde(-) / animoso(+)

Encontramos también alguna metáfora. Así, el poeta identifica los placeres del amor con un "licor suave" (v. 10) y con el "cielo" (v. 12), y las amarguras, que a ellos se contraponen, con el "veneno" y el "infierno". Su entrega apasionada se convierte metafóricamente en un "dar la vida y el alma a un desengaño" (v. 13).

3.6. CONCLUSIÓN

Este soneto es, como venimos diciendo, una apasionada recreación de los modelos petrarquistas que despierta nuestro interés por su curiosa estructura. El poeta juega con las simetrías y las antítesis al mostrarnos el amor como una vivencia esencialmente inestable y desasosegante.

ÍNDICE DE PRIMEROS VERSOS

El papel utilizado para la impresión de este libro
ha sido fabricado a partir de madera
procedente de bosques y plantaciones
gestionados con los más altos estándares ambientales,
garantizando una explotación de los recursos
sostenible con el medio ambiente
y beneficiosa para las personas.
Por este motivo, Greenpeace acredita que
este libro cumple los requisitos ambientales y sociales
necesarios para ser considerado
un libro «amigo de los bosques».
El proyecto «Libros amigos de los bosques» promueve
la conservación y el uso sostenible de los bosques,
en especial de los Bosques Primarios,
los últimos bosques vírgenes del planeta.

Papel certificado por el Forest Stewardship Council®